JN232660

英語学モノグラフシリーズ 16

原口庄輔／中島平三／中村　捷／河上誓作　編

語の仕組みと語形成

伊藤たかね　著
杉岡　洋子

研 究 社

まえがき

　語の仕組みと語形成は，人間の無限の言語生成能力の一翼を担っており，言語研究において極めて重要な意味合いをもつ分野である．「語」はそれ固有の特異な情報とともに，形と意味が記憶されている(=語彙性)と同時に，活用や派生といった，さまざまな語形成規則によって変化し，その形成過程や内部構造に規則性をもつという点で，二面性をもっている．本書は，この語という単位のもつ二面性を，英語と日本語のさまざまな語形成現象を取り上げながら，詳しく論じたものである．

　本書の理論的背景に注目するなら，生成文法理論では，(1)語形成の規則性に着目して，統語現象と同様に扱う立場と，(2)語彙性に焦点を当て，レキシコンで扱う立場とが対立してきた．近年の理論の流れでは，(1)の立場として，レキシコンを統語部門の出力に対する音形と統語素性の対応付けととらえる分散形態論の枠組みが，ミニマリスト統語論と整合する形態理論として注目を浴びている．また，認知科学の分野では，後者の(2)の立場として，語形成に記号操作としての規則は不要であるとするコネクショニズムの研究が盛んである．しかし，このような規則性と語彙性のいずれか一方のみに着目する理論的枠組みは，語の本来的な特徴である二面性を見落とす恐れがあり，望ましいことではない．

　このような背景のもとで，本書は，異なる語彙表示レベルとの関連から語形成プロセスを整理し，語形成の生産性と規則性がもつ多様性が何に起因するのかを入念に探求している．さらに，メンタルレキシコンの理論の観点からの考察と，失語症患者を対象とした実験によって，語形成にかかわる心的メカニズムと脳内部位の関係を検証した興味ある結果を報告しており，このような理論的考察と実証研究をとおして，上記のような語形成の二面性をとらえることのできる形態論研究を目指したものである．

本書は，まず，第1章「語形成とレキシコン」で，語形成の基本的原理とメンタルレキシコンを概説し，次いで，第2章「語彙表示レベルと語形成」で，統語的情報を表す語彙表示としての項構造が関与する語形成と意味的情報を表す語彙表示としての語彙概念構造（LCS）がかかわる語形成について論じている．さらに，第3章「複数のレベルにまたがる語形成」では，一見同じ機能をもつ語形成プロセスにみえるのにもかかわらず，異なる語彙表示レベルが関与する語形成の相違を明確に論じている．第4章「語形成の心的メカニズム」では，語形成の二面性の問題を，心的メカニズムを検証することで，従来に比してはるかに明確に論じ，最後の第5章は，本書の議論の全体を簡単にまとめたものである．

　本書は基本的に伊藤たかねと杉岡洋子が議論を重ねた上で共同で執筆したものであり，多くの先行研究から得られた知見と，執筆者個人の研究成果とを融合させたものである．なお，第4章の内容は，伊藤・杉岡が東京都立大学の萩原裕子と共同で行ってきた研究プロジェクトをベースとしている．主な執筆分担はほぼ次のようになっている．第1章と第5章は伊藤・杉岡の共同執筆であり，第2章の2.1, 2.2.1, 2.3.2節は伊藤が担当し，第2.2.2, 2.3.1節は杉岡が担当した．第3章の3.1節は伊藤の担当であり，それ以外は，杉岡が担当している．逆に，第4章の4.2.2, 4.3.2節は杉岡が担当し，それ以外は伊藤が担当している．

　本書は，従来の語形成に関する論考とはひと味違った知見にあふれているが，特に，第4章における日本語の名詞化接辞「－さ」と「－み」などに関する議論では，実験に基づいて，語形成と脳内メカニズムとのかかわりが明確になされており，大いに注目に値する．本書の第4章は，日本語に基づいてなされた言語研究と脳研究にまたがる草分け的成果と言ってよい．今後この分野における研究を盛んにする上で重要な意味をもつものであり，研究を一層促進させる引き金となるであろう．

2002年8月

編　　者

目　　次

まえがき　iii

第1章　語形成とレキシコン ― 1
1.1　はじめに　1
1.2　語の構造と語形成　2
1.3　語という単位　5
1.4　メンタルレキシコン　8
1.5　語の生産性と規則性　11
1.6　文法における語形成の位置づけ　15

第2章　語彙表示レベルと語形成 ― 19
2.1　語彙的統語表示と語彙的意味表示　19
2.2　項構造と語形成　30
　2.2.1　項構造と接辞付加　30
　2.2.2　項構造と複合語の形成　43
2.3　意味的語彙表示レベルと語形成　52
　2.3.1　語彙概念構造に基づく派生動詞の形成　52
　2.3.2　語彙概念構造と接頭辞付加　59
2.4　ま と め　67

第3章　複数のレベルにまたがる語形成 ― 69
3.1　英語の名詞化　69
　3.1.1　さまざまな名詞化　69

3.1.2　複雑事象名詞と項構造　71
    3.1.3　-ingによる名詞化: 規則による複雑事象名詞　78
    3.1.4　LCSと結果名詞　83
    3.1.5　単純事象名詞とLCS　90
  3.2　日本語の動詞の名詞化　92
    3.2.1　動詞連用形の名詞用法　93
    3.2.2　動詞連用形からの転換名詞と項構造　97
    3.2.3　接辞付加による名詞化　103
  3.3　日本語の動詞由来複合語の形成　110
    3.3.1　内項を含む動詞由来複合語　110
    3.3.2　付加詞を含む動詞由来複合語　115
    3.3.3　「付加詞＋動詞」の複合とLCS　116
    3.3.4　付加詞の複合と複雑述語形成　123
    3.3.5　2種類の動詞由来複合語の音韻的な違い　125
    3.3.6　結果産物をあらわす動詞由来複合語　128
    3.3.7　2つのレベルでの複合語形成　129
  3.4　日本語の複合動詞　132
    3.4.1　語彙的複合動詞と統語的複合動詞　133
    3.4.2　統語的複合動詞の特徴　134
    3.4.3　語彙的複合動詞の特徴　135
    3.4.4　語彙的複合語の項構造による制約　138
  3.5　ま　と　め　141

第4章　語形成の心的メカニズム ―――― 147
  4.1　屈折接辞の生産性: 規則と連想記憶　147
    4.1.1　二重メカニズム仮説　147
    4.1.2　頻度への依存　152
    4.1.3　類似性への依存　154

4.1.4　デフォルトとしての適用　155
　　　4.1.5　リ　ス　ト　157
　　　4.1.6　DM 仮説と脳内メカニズム　159
　4.2　名詞化と DM 仮説　162
　　　4.2.1　派生形態論における生産性　162
　　　4.2.2　日本語の名詞化接辞の生産性　164
　　　4.2.3　名詞化接辞付加の心的メカニズム:
　　　　　　　健常者による容認度判定実験　168
　　　4.2.4　名詞化接辞付加の脳内メカニズム: 失語症患者の実験　176
　4.3　日本語の使役接辞と DM 仮説　180
　　　4.3.1　接辞付加と項構造の変化　180
　　　4.3.2　「-させ」使役と語彙的使役　181
　　　4.3.3　使役化接辞の脳内メカニズム　187
　4.4　ま　と　め　193

第 5 章　ま　と　め　　195

参　考　文　献　201
索　　　引　209

第 1 章　語形成とレキシコン

1.1　はじめに

　「語」は，文を構成する基本単位である．複数の語が組み合わされて「文」ができあがっている．しかし，語はさらに細かい単位に分解でき，内部構造をもっている．語がどのような要素からどのような原則に従って組み立てられているか，その仕組みをさぐるのが本書の目的である．

　語が，より小さな単位(形態素: ⇒ 1.2)から成り立つとするなら，その仕組みは，文がより小さな単位である語から構成される仕組みと異なるのか，という疑問が出てくる．形態素が複数集まって語になり，語が複数集まって文ができるのなら，「語」という中間レベルの単位を認める必要があるのか，と言い換えてもいい．この問いをつきつめて考えていくと，語の成り立ち(語形成)と文の成り立ち(統語)との，相違点と共通点が見えてくる．主な相違は，語が基礎単位として緊密なまとまりをなすこと，そのまとまりが単語として話者に記憶されること，という2点に由来すると思われる．一方，より小さな単位からより大きな単位を作る際に，構成要素の特徴から全体の特徴が導き出されるという意味での規則性は，語形成と統語とに，ある程度共通して観察されるものである．

　このように，語形成は，語として記憶されるまとまりを作ることによる「語彙性」と，統語と共通する「規則性」とを併せもっている．本書は語形成のこのような二面性に焦点をあて，話者の頭の中に語がどのように蓄えられているかを解明するメンタルレキシコン理論を視野に入れ，さまざ

まな言語事実を検討していく．

本書の構成は以下のとおりである．まず第1章の次節以降で，語形成の基本的な事柄を見ておく．第2章では，語彙情報の統語的レベルと意味的レベルとがそれぞれ関与する語形成の特徴を検討する．第3章では，同じ機能をもちながら異なるレベルで分析するのが妥当であると考えられる語形成プロセスを考える．第4章では，語形成にどのような心的メカニズム・脳内メカニズムが関与しているかを検討する．第5章は，まとめである．

1.2　語の構造と語形成

言語を構成するさまざまな単位(音，語，句，文，談話など)には，それぞれの構造や形成を支配する原則がある．その中で，本書で取り上げる「語」（word）は，意味をもつ最小の単位である「形態素」(morpheme)から成る．形態素は，blue，「木」のように単独で語を構成するものと，他の語に付加する「接辞」（affix）とに分けられる．接辞はさらに，品詞を変えたり意味を変化させたりする「派生接辞」(derivational affix)と，時制や数などの文法範疇による活用形をあらわす「屈折接辞」(inflectional affix)に分けられ，語の前につくものを「接頭辞」(prefix)，後ろにつくものを「接尾辞」(suffix)と呼ぶ．接辞による語形成(「接辞付加」(affixation))においては，それぞれの接辞は付加できる語の品詞が決まっている．以下に代表的な接辞付加の例をあげる．

(1)　a.　動詞 → 名詞：　build-ing, arrange-ment, act-ion, propos-al, teach-er, 歩き-方，読み-手
　　　b.　形容詞 → 名詞：　happi-ness, electric-ity, adequa-cy, 早-さ，強-み
　　　c.　名詞 → 動詞：　union-ize, acid-ify, en-list, 勉強-する，春-めく，学者-ぶる
　　　d.　形容詞 → 動詞：　black-en, pur-ify, 強-める，高-まる，寒-がる
　　　e.　動詞 → 形容詞：　excit-ing, wash-able, express-ive, うらや

　　　　　　　　　　ま‒しい，読み‒やすい
　　　f.　名詞 → 形容詞：child-ish, pain-ful, 子供‒っぽい，女‒らしい
　　　g.　品詞変化なし：un-happy, re-open, 真‒水，お‒手紙，再‒出発

　語形変化が起きないのに品詞の変化が起こっている次のような派生語の場合は，「(品詞)転換」(conversion)と呼ばれたり，接辞付加の一種であるが接辞が音形をもたない「ゼロ接辞」(zero-affix)であると分析されたりする．(本書では，そのどちらの分析が正しいかについては立ち入らず，語形変化を伴わない語形成を，以下では便宜的に「転換」と呼ぶ．)

（2）　a.　動詞 → 名詞：　　a walk, a stop, a cook
　　　b.　名詞 → 動詞：　　to bottle, to mop, to salt
　　　c.　形容詞 → 動詞：　to clean, to empty, to warm

　また，英語の時制や数の活用には接辞付加（walk / walk-ed, table / table-s）だけでなく，語形変化を伴わないもの（hit / hit, sheep / sheep）や，基体語の母音変化（umlaut）によるものも存在する（run / ran, mouse / mice）．

　接辞付加と並んで一般的な語形成である「複合」(compounding)は，語と語が結びついて1つの語を形成するもので，(3)に例をあげるように，複数の語がかなり自由に組み合わさって，形容詞(A)や名詞(N)や動詞(V)を形成することができる（ただし，英語では「動詞＋動詞」の複合語は原則的に不可能である）．

（3）　X + A：bittersweet, nationwide, 甘酸っぱい，心強い，聞き苦しい
　　　X + N：hand towel, blackboard, 高値，灰皿，四つ角，焼きざかな
　　　X + V：babysit, dry-clean, 泡立つ，飛び跳ねる

　このように，接辞付加や複合という語形成によって，複数の形態素から

成る語が存在するが，そういった語の内部構造には，次にあげる2つの原則が観察される．

　まず第一に，(3)の複合の例で複合語全体の品詞が，右側の語の品詞と一致することからもわかるように，語を構成する要素は対等に結びついているのではなく，右側要素が「主要部」(head)として，語全体の品詞を決定する．また意味のうえでも，hand towel はタオルの一種，というように，右側の語が複合語の意味範疇を決定する．これは「右側主要部規則」(Righthand Head Rule: Williams 1981b)と呼ばれるもので，日本語や英語をはじめ，多くの言語に観察される一般化である．(ただし，ヴェトナム語，フランス語など，これに従わない言語もある．)この原則は複合だけでなく，接辞付加においても観察できる．(1)にあげた接辞の例の中で，接尾辞(-ing, -ness, -ize，-さ，-める，-っぽい，など)は品詞を決定するものが多いが，接頭辞は一部の例外(en-list など)を除いて，(1g)の例のように，品詞を変えないことが多い．この接頭辞と接尾辞の非対称性もまた，右側主要部規則によって説明できる．

　右側主要部の原則には，例外が2種類ある．その1つは，「AとB」という意味の並列複合語(dvandva compound)で，日本語に多数の例がある(親子，手足，読み書き，など)．これらは，同じ品詞が複合していて，意味のうえでもどちらかが主ではないので，右側要素のみを主要部だと言うことはできない．もう1つの例外は，主要部をもたない複合語である．たとえば pickpocket(スリ)の場合，品詞上は名詞なので右側の名詞が主要部と考えてもおかしくはないが，意味を考えると，pickpocket(スリ)は pocket の一種ではないので，右側の語が主要部ではありえないし，左側の動詞が主要部とも考えられないので，主要部のない複合語と考えざるをえない．このような複合語は，主要部をもつ「内心(endocentric)複合語」と区別して「外心(exocentric)複合語」と呼ばれる．

　語の内部構造を支配する第二の原則は，「二股枝分かれ構造の制約」(Binary Branching Condition)というものである．この制約によって，複合語でも接辞による派生語においても，構成する要素は2つずつが結合し，その結果がまた別の要素と結合するという形で，語を形成する．した

がって，3つ以上の要素から成る語は，次の例に示すような二股枝分かれ状の階層構造をもつことになる．

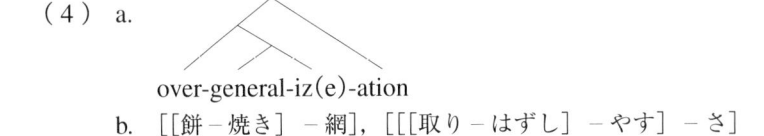

(4) a.

over-general-iz(e)-ation
b. [[餅－焼き］－網］，[[[取り－はずし］－やす］－さ]

（日本語の並列複合語では，「上中下，東西南北」など，3つ以上の要素が並列にリストされるものもあり，この制約の例外となる．）

以上見てきたように，複数の要素から成る語の内部構造には，「主要部」と「階層性」という特徴が存在する．これらは句構造においても観察されるものであるが，では語と句の境はどうなっているのだろうか．

1.3 語という単位

語が言語の基本的な単位として独立していることは，英語などの言語では分かち書きされること，また日本語など分かち書きをしない言語でも，発話の際にけっして区切って発音されないことからもわかるだろう．たとえば，「家族全員で，山登りを楽しんだ」のような区切り方は自然だが，「家族全員で山，登りを楽しんだ」とは言わない．エスキモーの言語では，次の西グリーンランド語の例のように，文に相当するような長い語を使う．

(5) illorssuaqaraluarpoq
(illo -rssua -qar -aluar -poq)
(家 －大きい －もつ －たしかに －3人称単数現在)
「彼はたしかに大きな家をもっている」

しかし，これも途中で切って発音することはできず，途中でつまった場合は最初から言い直さなければならない．

語は，アクセントの面でもまとまりをもつ．たとえば，複合語は句と同じ要素から成る場合でも，異なるアクセントをもつことが多い．これは，

構成要素のアクセントを変化させて，複合語全体で1つの語としてのアクセントを示すことが多いためである(以下の表示では，英語では大文字の語，日本語では上に線が引いてあるモーラ/音節にアクセントがある).

（6） a. white HOUSE「白い家」
　　　　　 WHITE House「ホワイトハウス(大統領官邸)」
　　　 b. アオイ＋シャシン → アオジャシン「青写真」

(窪薗 1995)

また日本語の複合語では，第3章で見るように，連濁という現象(ふで＋はこ → ふでばこ)が見られるが，これは句ではけっして起こらない(きばこ(木箱)/*きのばこ(木の箱))．このように，語は音韻・形態の面でひとまとまりであると明確に意識される．

さらに，語は統語的にも意味的にも「閉じた」単位であり，たとえ複数の要素から成る派生語・複合語であっても，句とは違ったふるまいをする．このような，語を句から区別する特徴は「語彙的緊密性」(lexical integrity)と呼ばれる．その代表的なあらわれ方を概観しよう．

まず，句を構成する要素である冠詞や前置詞・後置詞(助詞)といった機能範疇(functional category)は，語形成において一般的に排除される(ballroom dancing / *in-the-ballroom dancing, ゴミひろい / *ゴミをひろい, アメリカ帰り / *アメリカから帰り)．屈折接辞もまた派生接辞とは異なり，語形成から排除されることが多い(例外については第4章で取り上げる)．たとえば，英語の複合語内部では複数形が起こりにくい（shoe box / *shoes box）し，日本語の語形成では時制辞が排除される(焼きざかな / *焼いたざかな)．この機能範疇の排除は，語が句や文とは違って，あるモノや概念の「名前」として機能するという意味的な特徴にも合致している．1.4節で詳しく述べるように，語はレキシコンにリストされていて，そのあらわすものは一般的な名称である．それに対して，機能範疇である冠詞や時制辞は，そのモノや概念の実際の発話における指示対象や，特定の時間軸上の位置(過去，現在，完了など)を示すものなので，語に含まれないのは自然だと言える．つまり，語は，原則的には特定の指示対象をも

たず，総称的（generic）な意味をあらわすものであり，時間を超越したものだと言うことができる．

次に，語彙的緊密性を示す現象として，語の一部のみを外部から修飾することができないという一般化があげられる．

（7） 魚釣り / *[大きな魚]釣り
　　　 花見 / *[満開の花]見
　　　 甘納豆 / *[とても甘]納豆
　　　 blackbird / *black-as-coal bird
　　　 used-car salesman / *slightly-used-car salesman

これは言い換えれば，語は句を内部に含むことができないということで，「句の排除」と呼ばれる現象である．（この制約に従わない「大学への合格率」，「先祖の墓参り」などの例については，杉岡（1989），影山（1993）に詳述されている．）

最後に，語彙的緊密性の重要な特徴として，語の内部要素には統語規則が適用されないということがあげられる．まず第一に，文レベルでは要素が移動することがあるが，語の内部で要素が移動することは許されない．たとえば，日本語では「かき混ぜ」（Scrambling）という名詞句の移動がよく見られるが（(8a)），語の内部からのかき混ぜ移動はけっして起こらない（(8b)）．

（8） a.　花子にメールを送る → メールを花子に t 送る
　　　 b.　花子への[メール書き] → *メール花子への[t 書き]

第二は，「語彙照応の制約」と呼ばれる特徴で，語はその一部を文中で代名詞などを使って指すことはできないし，内部に代名詞を含むことも許されないので，照応という統語的操作が入り込めない「照応不能領域」（anaphoric island）をなす．たとえば，次のような文において，代名詞が語の一部を指しているという解釈は不可能である．

（9） a.　*He took the teapot and poured it (= tea) into the cup.
　　　　　　　　　　　　　　　　　　　　　　　　　（Spencer 1991）

  b. *鮎釣りに行って，お昼にそれ(＝鮎)を河原で焼いて食べた．
    cf. 鮎を釣りに行って，お昼はそれを河原で焼いて食べた．

また，複合語内に代名詞が起こる例も一般的には容認されない．

（10） a. *バスが苦手なので，それ旅行(＝バス旅行)には行けない．
   b. *John likes NY, so he wants to work for a there-based (＝ NY-based) firm.

ただし，日本語では「あの人好み」，「そこ止まり」（影山1993）のような直示（deixis）表現を含む複合語も存在する．

1.4　メンタルレキシコン

 このように，「語」は形態的にひとまとまりであるばかりでなく，意味的にも緊密なまとまりをなしており，より大きな単位としての句や文を作る構成要素となる．このような基礎的単位としての語は，話者の記憶の中に蓄えられていると考えられる．もちろん，何万語にもおよぶ母語の語彙が，個々ばらばらに記憶されているとは考えられない．何らかの秩序だった形で記憶されているはずである．このような，母語話者が頭の中にもっている語彙の収納庫を，「メンタルレキシコン」（mental lexicon）と呼ぶ．メンタルレキシコンは文字どおり，話者が頭の中（mental）にもっている辞書（lexicon）であり，もちろん出版されているような形のいわゆる「辞書」とは異なるものである．生成文法研究でレキシコンと言うときは，この話者のもつ記憶装置としての「辞書」を指す．本書でも，特に心理面を強調する場合以外は「メンタル」を省略して「レキシコン」と呼ぶことにする．

 レキシコンは，個々の語彙項目について，その発音，品詞，統語的生起環境（どのような要素とともに生起するか），意味，といった情報を蓄えていると考えられる．どのような情報がどのような形で納められていると考えられるかについては，2.1節で概観することとし，ここでは，レキシコンにリストされる（つまり話者に記憶される）ことによって語がもつことになる特質を見ておきたい．

語は，その構成要素の意味だけからは予測できない，特殊な意味をもつことがある．たとえば weakness という語は，形容詞の weak に名詞化接辞 -ness がついたもので，「弱さ」という意味をもつが，それ以外に「特別な好み」といった特殊化した意味でも用いられる (e.g. I have a weakness for chocolate.)．「入学」や「入園」は普通に用いられるが，大学院に入ることを「院に入る」とは言っても，「入院する」とは言わない．「入院」は，病院に入るという特殊な意味をもっているからである．このような，文字どおりの意味から構成的 (compositional) に予測できない意味の特殊化は，個々の語彙項目の特異な特徴を話者が記憶することによって可能となると考えられる．記憶装置としてのレキシコンは，個々の語彙項目特有の特異性 (idiosyncrasy) を記載できる場であり，上例のような特殊化した意味も，レキシコンに記載されると考えられる．独自の語彙項目としてレキシコンにリストされることを「語彙化」(lexicalization) と呼ぶが，語彙化と特異性の指定とは密接な関係をもつことになるのである．

　このように，語は基本的にレキシコンにリストされるものであるため，語形成においては，理論的には可能な語でありながらレキシコンにリストされていないために，実際には使われないものがある．たとえば，2.3.2 節で詳述する英語の un- という接頭辞は，形容詞について否定の意味をあらわすが，#unnice (cf. unkind), #unflat (cf. uneven) などは，意味的にも音韻的にも特に排除される理由はないにもかかわらず，実際には用いられない．4.2 節で扱う日本語の名詞化接辞「−み」においても，同様の例が見られる (#冷たみ (cf. 暖かみ), #硬み (cf. 柔らかみ))．このように，あっても不思議でない語形が存在しないことを「語彙的ギャップ」(lexical gap) と呼び，本書では '#' で表示することとする．

　このようなギャップの存在は，レキシコンにリストされる語という単位の特性であり，したがってレキシコンにリストされることのない句には，ギャップは存在しない．たとえば，un- と同じく否定の概念をあらわす手だてとして，句レベルでは否定辞 not が用いられるが，特定の句が not で否定することができない，というようなギャップは存在しえないのである．言い換えると，統語論においては，例文は「適格文」と「非文」('*'

で表示)の2種類に分かれるのであるが,語形成においては,例となる語は「適格」なものと「不適格」なもの('*'で表示),さらに「適格ではあるが存在しないギャップ」('#'で表示)という3種類に分かれることになる.

　また,レキシコンに特定の語が存在するために,理論的に可能な語が用いられないことがある.たとえば,-nessは形容詞に付加して名詞を作る接尾辞であるが,freeの名詞形としてはfreedomが,trueの名詞形としてはtruthが,それぞれレキシコンに定着しているため,*freeness, *trueness は用いられない.(ただし,context-freeのような複合語になると,特定の名詞形がレキシコンにリストされていないため,context-freenessという名詞形が用いられる.)このような現象は,阻止 (blocking) と呼ばれる.freedom や truth がすでにレキシコンに存在することが,*freeness, *trueness の使用を阻止すると考えるのである.

　阻止は,同じ種類の語形成に常に成立するわけではない.produce から派生する名詞には production, product, および転換による produce が併存しており,阻止は起こらない.これは,それぞれの名詞が少しずつ異なる意味を担うことによる,棲み分けが行われているからであると考えられる (⇒ 3.1.4).このことは,阻止現象が,完全な同義語(狭義の意味だけでなく,語用論的側面,談話レジスター的側面など,どのような面からも同じ意味である語)の存在が基本的に許されないという,一般原則から生じていることを示唆している.この考えは,意味上の「ずれ」による棲み分けが起こりえない屈折の場合に,阻止がほぼ完全に機能することからも支持される.sang, held といったいわゆる不規則形の過去形がレキシコンに存在するため,*singed, *holded といった規則形は阻止されるのである.

　このように,語はレキシコンにリストされるために,句とは異なる性質をもつ.これを「語彙性」と呼ぶことができる.では,それぞれの語についてレキシコンに記載される情報は,すべて予測できない特異なものばかりだろうか.1.2節で見たように,語の内部には形態素からなる構造があり,そこにははっきりと規則性が見出される.また,語形成プロセスの中には,非常に透明な規則性を見せるものもある.次の節で,語形成の規則

的な側面を見ていくことにする．

1.5 語の生産性と規則性

　前節で見たように，レキシコンには「語彙的ギャップ」が存在する．そのため，語形成プロセスについては，それがどれだけ生産的 (productive) であるかという，統語プロセスには出てこない問いが意味をもつことになる．疑問文や否定文を作るといった統語プロセスはギャップが存在しないので，100% の生産性をもつが，たとえば形容詞から名詞を作る語形成にはギャップが存在し，しかも阻止も働くので，-ness, -ity, -dom, -th といったそれぞれの接尾辞付加がどの程度の生産性をもつか，ということが問題になるのである．

　語形成プロセスの生産性は，一般に段階的なものだと考えられている．-ness と -ity を比較すると，-ness は語種(ラテン系かゲルマン系かといった区別)にかかわらず，他の語に阻止される場合以外は自由に付加することができるのに対し，-ity は主にラテン系の基体にのみ付加し，ラテン系の基体であっても付加できないギャップも存在する (gorgeous / #gorgeosity, cf. curious / curiosity) といった特徴があり，-ness のほうが -ity よりも高い生産性をもつと言うことができる．さらに，-dom などは限られたごく少数の基体にしか付加せず (freedom, wisdom)，生産性が非常に低い．日本語でも同様に，形容詞から名詞を作る接尾辞「−さ」と「−み」に生産性の明かな差が見られる (⇒ 4.2)．

　また，このような生産性は，新造語や実験用新語から派生する語など，実際にレキシコンにリストされている語形を用いることができない状況において，どの語形成プロセスが用いられるか，ということにも関与すると思われる．(たとえば，-ment は実在語においては比較的高い生産性をもつが，新語への適用という意味での現代英語における生産性は低いというように，厳密には実在語の中で測る生産性と，新語における生産性とは異なる場合がある．「生産性」をどのように定義し，どう計測するかについてはさまざまな議論がある(たとえば Bauer (2001) を参照)が，ここではその問題には立ち入らない．)

ある語形成プロセスの生産性が高いということは，そのプロセスによって自由に語を作れるということであり，そこには必然的にある種の規則性が求められる．前節で見たweaknessや「入院」のような語彙化した語を，自由に生産的に作っていくことはできないが，これは，語彙化にはその言語コミュニティにおける定着が必要であるからだと考えられる．したがって，生産的に語を作るプロセスは，その意味的・統語的性質が，構成素となる形態素と語形成規則とから，構成的に予測可能なものである場合が多いことになる．たとえば，「アクチュアルな」などを新たに外来語として用いる場合，日本語の話者であれば誰でも名詞形としては「アクチュアルさ」を用いるし，それがアクチュアルである程度や事実をあらわすということも理解できる．これは「－さ」付加の規則性（⇒ 4.2.2）によるものである．（ただし，2.2.2節で見るように，生産性と規則性は常に連動するとは限らない．）

　このような生産性・規則性の程度をとらえようとする考え方の１つに，レベル順序づけ（level ordering）の仮説がある（Siegel 1974; Allen 1978; Kiparsky 1982）．レベルⅠの接辞（接辞境界を'+'で表示）とレベルⅡの接辞（接辞境界を'#'で表示）は，以下のような相違があることが知られている．

　まず音韻面では，レベルⅠ接辞は，アクセントの移動，基体との同化，基体の母音・子音の変化，といった音韻上の変化を引き起こす場合があるが，レベルⅡ接辞はそのような変化を起こさない．

(11) アクセント移動（便宜的にアクセントのある部分を大文字であらわす）
　　a. in+fInite → Infinite, cUrious+ity → curiOsity
　　b. un#fIred → unfIred, cUrious#ness → cUriousness
(12) 同　化
　　a. in+legal → illegal (*inlegal), in+possible → impossible (*inpossible)
　　b. un#lawful → unlawful (*ullawful), un#popular → unpopular (*umpopular)

(13) 母音変化
   a. in+famous [eɪ] → infamous [ə], serene+ity [iː] → serenity [ɛ]
   b. un#faded [eɪ] → unfaded [eɪ], clean#ness [iː] → cleanness [iː]
(14) 子音変化
   a. public+ity [k] → publicity [s]
   b. like#ness [k] → likeness [k]

次に形態面を見ると，レベルI接辞は，(15a) に示すような形態変化を引き起こすことがあるが，レベルII接辞はそのような変化を起こさない ((15b))．また (16) に示すように，レベルI接辞は，単独では語として機能しない基体に付加することがある (ert や emulse は語として存在しない) が，レベルII接辞は，独立した語としての資格をもつ基体にのみ付加する．

(15) a. precocious+ity → precocity (*precociousity), receive+ion → reception
   b. precocious#ness → precociousness, receive#er → receiver
(16) inert < in+ert, emulsion < emulse+ion
   cf. *unert, *emulsing

最後に，意味面で，レベルI接辞は語彙化した特殊な意味をもつことが多いのに対し，レベルII接辞は構成的な意味を保っている例が多い．語は，いったん形成されれば常に語彙化する可能性があるので，レベルII接辞であっても，たとえば weakness のように語彙化される場合もあるが，傾向としてレベルI接辞による語形成のほうが意味変化を被りやすいと言える．たとえば imperceptible (in+perceive+ible) は，構成的に得られる「認識不可能な」というだけでなく，「重要でない，取るに足りない」といった意味になるが，unperceivable (un#perceive#able) には構成的な意味しかない．また，curiosity が「骨董品」，variety が「バラエティショー」を意味する例のように，+ity 名詞は特殊化した意味の具体物をあらわす例

も多いが，#ness 名詞は（weakness のような数少ない例外を除いて）基体の形容詞があらわす状態・程度という透明な意味をもつものがほとんどである．

このように，2つのレベルの接辞には体系的な相違がある．レベルIIの接辞は独立性が高く，付加した際に音韻・形態・意味的な情報の変化を引き起こしにくく，いわば「透明度」の高い規則性をもった接辞であるのに対し，レベルI接辞は，より強く基体と結びついて透明度が失われやすいものであると考えられる．さらに，このようなレベルによる規則性の違いは，2つのレベルの接辞付加の生産性の違いにも連動しているように思われる．上であげた例を見ても，+ity と #ness, in+ と un# は，それぞれ名詞化，否定という同じ機能をもつ接辞であるが，本節の冒頭で見たように，+ity と #ness では #ness のほうが生産性が高いし，in+ と un# を比較すると，un# のほうが生産性が高い．

このようなレベル分けをすると，レベルIの接辞の外にレベルIやレベルIIの接辞が付加することはあるが，レベルIIの接辞の外にはレベルIIの接辞しか付加できないことがわかる．レベルIの接辞付加の後にレベルIIの接辞付加が起こると仮定することでこの事実をとらえようとしたのが，レベル順序づけの仮説である．

(17) a. レベルIの外にレベルI
 [[act+ive]+ity], [in+[act+ive]]
 b. レベルIの外にレベルII
 [[attract+ive]#ness], [un#[attract+ive]]
 c. レベルIIの外にレベルII
 [[thought#ful]#ness], [un#[thought#ful]]
 d. レベルIIの外にレベルI（不可）
 *[[thought#ful]+ity], *[in+[thought#ful]]

この仮説には，[[un#grammatical]+ity] のようなタイプの体系的な例外（bracketing paradox）があり，またこの仮説の射程として接辞付加だけでなく複合語形成や屈折まで含めようとする議論などもあり，生成文法理論における形態論研究の1つの大きなトピックとなってきた．ここではその

詳細には立ち入らないが，規則性・生産性の面で異なる2つのレベルが，規則性・生産性と直接には関係しない(17)のような接辞同士の出現順序を説明することを可能にしていること(つまり規則性・生産性の異なるレベル分けに，「順序づけ」を説明できるという根拠があること)に着目しておきたい．

　ここで紹介したレベル順序づけの仮説は，語形成の生産性・規則性をとらえる1つの可能性ではあるが，2レベルの分類が十分であるかどうかは明らかではない．第2章，第3章で詳述するように，さまざまな語形成プロセスのふるまいを見ていくと，より細かなレベル分けが必要になると思われる．いずれにしても，語は前節で論じた「語彙性」と同時に「規則性」を併せもつこと，これらの性質が段階的なものであり，その程度によって語形成プロセスを分類することができる，という点を確認しておきたい．

1.6　文法における語形成の位置づけ

　以上，述べてきたように，語はひとまとまりの単位としての形態・音韻的緊密性，およびレキシコンにリストされることに由来する語彙性という特徴を有する一方で，語の構造には階層性があり，語形成のプロセスは一定の生産性・規則性を有し，意味的にも構成的であるものがある．つまり，語形成は統語レベルでの句構造の派生から独立している一方で，統語プロセスと共通した側面も併せもっていると言える．このような語形成の二面性のために，生成文法理論における語形成の研究では，その位置づけについて相反する主張がなされてきた．ここではそれを簡単に概観したうえで，本書の基本的な立場と問題意識を述べておきたい．

　生成文法以前の記述文法・構造主義言語学において，語の活用や語形変化の研究は形態論という1つの領域をなし，その統語論との関わりが取り上げられることは少なかった．それに対して，生成文法理論においては統語論が文法の中心となり，文の生成規則の研究が進められたので，語形成の規則的な側面に焦点をあてた分析があらわれ，語形成規則を統語規則と同じものとして扱う考え方が出てきた．たとえば，動詞の名詞化において，the enemy's destruction of the city のような派生名詞を含む名詞句

と，同じ動詞を含む The enemy destroyed the city. という文が意味的・構造的な平行性をもつことから，このような名詞化を統語規則と分析したのである (Lees 1960)．さらに生成意味論においては，派生語のみならず単純語も，より複雑な意味構造から統語規則によって派生すると分析された．よく知られた例として，kill という動詞を，CAUSE BECOME NOT ALIVE という深層構造から「述語繰り上げ」(Predicate Raising) によって導く，という分析 (McCawley 1973) があげられる．

そのような主張に反対する立場として，語のもう一方の側面である語彙性や緊密性を根拠とする語彙論 (Lexicalism) の主張が，強力に展開された．すなわち，動詞に由来する派生名詞 (destruction, growth など) が，音韻的・意味的に語彙的特異性を有すること，また基底動詞の統語的性質を必ずしも受け継がないことなどが指摘された (Chomsky 1970)．そこで，語形成が統語規則から独立したものであるという考え方(語彙論的仮説: Lexicalist Hypothesis) に基づいて，語の語彙性や語形成プロセスについて，詳細な研究が繰り広げられたのである (Jackendoff (1975), Aronoff (1976), Selkirk (1982) など)．その結果，語形成が統語部門から独立した文法部門として認識され，語の性質や構造，語形成の生産性・規則性に見られる独自の原理の解明が進んだ．本章の前半で見てきたものは，その成果の一部である．

語彙論に基づく語形成研究の重要な帰結は，それまで単なる語彙項目のリストであるととらえられていたレキシコンに，語形成という，統語規則とは異なる種類の規則が含まれると考えられるようになった点である．しかし，いったん語形成部門に語を「生成」する力を認めてしまうと，次にその射程が問題となる．レキシコンにはどの範囲の語形成が含まれるのであろうか．1つの可能性としては，レキシコンが統語規則とは異なり，「語彙的」(予測不可能)な語の構造や派生をつかさどるとする立場から，語彙性をより強く有する派生形態規則を語形成部門に含め，意味の語彙化を示さない屈折形態規則は統語部門(および音韻部門)に含める，という考え方がある (Split Morphology Hypothesis)．あるいは，派生形態規則の中にも生産性・規則性が異なるものが存在する (⇒ 1.5) ことから，その一部

のみをレキシコンに含め，生産的なものについては統語部門に含めるという考え方も存在する（Fabb (1984) など）．その一方で，文法モデル全体の簡素化の観点から語彙論の立場を可能な限り押し進め，レキシコンに屈折接辞の付加も含めすべての語の派生を委ねるという，強力な語彙論的立場（Strong Lexicalism）も主張されてきた．それによれば，語というレベルは，あらゆる意味で統語部門から独立することになる（Di Sciullo and Williams (1987) など）．

このように語形成とレキシコンの研究が進む一方で，統語理論の進展に伴って，統語規則をつかさどる原理によって語形成に関わる現象を解明しようという研究も盛んである．特に受身や使役，名詞編入など，動詞の形態変化とそれが投射する統語構造の変化に相関が見られる現象に対しては，語形成を主要部の繰り上げ規則と分析することで，統語論での移動規則全般に適用される制約による説明が試みられてきた（Baker 1988）．さらに最近では，ミニマリスト統語論の枠組みによる派生動詞の研究（Hale and Keyser 1993, 1997）で，語の派生を語彙構造に適用される「主要部移動」（Head Movement）ととらえることで，派生語の性質を句構造と共通の統語的原理で説明しようとする研究も進められている．

以上，生成文法理論における語形成の位置づけについての代表的な主張を，かいつまんで見てきた．生成文法理論における語形成の研究によって，語形成というプロセスへの理解やデータの蓄積は飛躍的に進んだと言える．しかし，レキシコンと語形成規則を文法の中でどう位置づけるかという問題に対する統一的な答えは，まだないというのが現状である．これまでに語形成をめぐって提示されてきた立場は，大きく分けて3つあるが，それらは現在も基本的に併存している．語形成を1つの部門に委ねる立場としては，すべてレキシコンに属するという強力な語彙論と，すべて統語部門に含めるという考え方（Lieber 1992）がある．後者に近い考え方として，従来のような音形と意味が結びついた語彙項目というものや語形成規則を否定し，統語部門のアウトプットである構造に記載されているさまざまな素性の束に音韻形が与えられたものが「語」であるとする，分散形態論（Distributed Morphology: Halle and Marantz 1993）を含めるこ

とができる．これらとは異なる第三の立場として，語形成は一枚岩ではなく，レキシコンに含まれるものと統語部門(および音韻部門)に含まれるものがあるという考え方も存在する（Sugioka (1986), 影山 (1993)「モジュール形態論」, Borer (1988) "Parallel Morphology" など）．

　本書では，この第三の立場をとっていく．そして語形成のもつ二面性を，具体的なデータをもとに詳細に検討しながら，以下のような問題を考えていく．(i) 生産性・規則性と語彙性という相反する性質は，語という単位や語形成の現象の中で，どのような形でせめぎ合っているのだろうか．(ii) 語彙表示のレベルは，その対立とどのように関わっているのだろうか．(iii) 語形成プロセスに関わる心的メカニズムとの関係で，語形成の生産性・規則性の段階的な差はどのように説明されうるのだろうか．本書は，このような考察をとおして，語という単位がもつ特質とその形成の仕組みを，明らかにしていくことをめざす．

第2章　語彙表示レベルと語形成

2.1 語彙的統語表示と語彙的意味表示

　個々の語彙項目は，その音韻的，統語的，意味的な語彙特性に関わる表示とともに，メンタルレキシコンに登録されていると考えられる．それぞれ，その語がどのように発音されるか，どのような統語環境に生起するか，どのような意味をもつか，という語彙情報をあらわすものである．たとえば，put という動詞は(1)に示すように，置くという動作を行う人(動作主(Agent))をあらわす主語と，移動するもの(対象(Theme))をあらわす直接目的語，置く場所(Location)をあらわす前置詞句という3つの項(argument)を，義務的に取る．

(1) a. Mary put the book on the shelf.
　　 b. *Mary put the book.
　　 c. *Mary put on the shelf.

この put は，以下のような語彙表示をもつと考えられる．

(2) 　/put/
　　 $x < y, P_{LOC} z >$
　　 [[x ACT-ON y] CAUSE [BECOME [y BE AT [$_{LOC}$ IN / ON z]]]]

それぞれ，上から語彙的音韻表示，語彙的統語表示としての項構造(Argument Structure)，語彙的意味表示としての語彙概念構造(Lexical Conceptual Structure: LCS）である．本書では語彙表示としての音韻表示は扱わないので，まず項構造とLCSがどのような語彙表示であるかを概観する．

　項構造は，その語彙項目の取る項の数と種類を指定する．項には，統語構造に投射（project）される際にV′, N′の外側（文の主語位置，NP内の所有者格NP）にあらわれる外項と，内側にあらわれる内項とがある．内項はさらに，直接目的語としてあらわれる直接内項と，前置詞句などとしてあらわれる間接内項とに分類される．これらの項のタイプの分類は，θ役割（動作主・対象・場所・起点（Source）・着点（Goal）などの意味役割）がどのように付与されるかによる分類であると考えられる（Marantz 1984）．外項は，主要部とその内項とから合成的にθ役割を付与される．直接内項は直接的に，また間接内項は前置詞などを介して間接的に，主要部からθ役割を付与される．ただし，この項構造上ではθ役割の内容（その項が動作主であるか対象であるか，といった区別）は「見えない」ことに注意する必要がある．動詞がいくつのθ役割をどのように付与するかを指定しているのが，項構造である．なお，表記としては(2)のように，< >の外に外項を，内側に内項を表示することとし，また，間接内項については，その項にθ役割を付与する要素を表示する（putの例では，場所をあらわす前置詞（P）——in, on, underなど——がθ役割を付与するので，その一般的な表示としてP_{LOC}を用いている）．直接内項は，主要部から直接θ役割を付与されるので，θ役割付与子を指定する必要がない．したがって，(2)では動詞putが，主語位置に具現化される外項と，直接目的語として具現化される直接内項，場所をあらわす前置詞の目的語として具現化される間接内項の3つの項を取る，3項動詞であることが表示されることになる．

　このように，項構造は統語構造への対応づけを決める語彙表示であるが，後に詳しく見るように，項構造が複合語の内部で投射されることもある．その投射が語の内部であっても，語の外側の統語構造であっても，主要部の項構造にリストされた項は必ず具現化されなければならない．(1b, c)で見たように，putのもつ2つの内項のうち，いずれかが具現化しな

ければ非文となる．ただし，John ate (lunch). のように省略可能な項もあるが，これは項構造の指定自体が，内項は随意的という指定になっていると考えられる（eat: x < (y) >）．このように，項構造は，その語がどのような要素と共起すれば適格な文を構成できるかという条件を指定したもの，と理解してもよい．

　上述のように，項はそのタイプによって統語上の具現化の仕方が決まるが，表層の文法機能と1対1の対応を示すものではない．移動などの統語操作によって，項のタイプと表層の文法機能の対応関係が変化する場合があるからである．その典型的な例として，非対格（unaccusative）動詞の場合を見ておきたい．

　項を1つだけもついわゆる自動詞が，その項のタイプによって2つの異なる類に分かれることが，Perlmutter (1978), Burzio (1986), Levin and Rappaport Hovav (1995) などの研究によって示されてきた．外項のみをもつ非能格（unergative）動詞と，内項のみをもつ非対格動詞である．この分析の大きな根拠は，非能格動詞のもつ項が他動詞の主語項に対応するのに対し，非対格動詞の項は他動詞の目的語項に対応することを示すさまざまな言語事実が，さまざまな言語で報告されていることである．

　英語で自動詞・他動詞両方に用いられる動詞には，自他の対応関係について2つのタイプがある．

(3)　a.　John ate breakfast. / John ate.
　　　b.　John sank the ship. / The ship sank.

(3a) では，自動詞の主語は，他動詞の主語と同じ動作主という θ 役割を動詞に対してもつ．一方，(3b) では自動詞の主語のもつ θ 役割は対象であり，意味的に他動詞の目的語に対応する．(3a) の自動詞文の John が他動詞の主語と同じ外項であるのに対し，(3b) の自動詞文の the ship は他動詞の目的語と同じ内項であり，統語構造で目的語位置から主語位置へ移動すると考えると，動詞に対して同じ対象という θ 役割をもつものは同じ内項であり，基底構造（D 構造）で直接目的語であると考えることができる．このような (3b) のタイプの自動詞の分析を「非対格分析」と呼ぶ．

一般に，他動詞の主語位置には動作主や使役主・原因（Causer）などがあらわれ，目的語位置には対象や働きかけを被る被動作主（Patient）などがあらわれるというように，D 構造上の位置と θ 役割には関連があることが知られている．このような観察に基づいて，対象役割を担う項は直接目的語となるというように，同一の θ 役割を担う項は D 構造上常に同一の位置に出現するとする考えが，θ 役割付与の一貫性の仮説（Uniformity of Theta-role Assignment Hypothesis: UTAH. Perlmutter and Postal 1984; Baker 1988）として提案されている．(3b) のような自動詞文については，上記の非対格分析を採ることによって，この仮説が維持される．(外項・内項の区別と意味とのこのような対応関係については後述する.)

非対格分析の根拠は，(3) のような意味関係だけではない．動作主を主語にもつ非能格自動詞と，対象を主語にもつ非対格自動詞とでは，たとえば (4) のような結果をあらわす述語の分布に，相違が観察される．

(4) a. John hammered the metal flat. （the metal = flat）
　　 b. *John hammered the metal tired. （John = tired）
　　 c. John swam himself sober. （himself = sober, cf. *John swam himself.）
　　 d. John cried his eyes red. （his eyes = red, cf. *John cried his eyes.）
　　 e. *John swam sober. （John = sober, 結果をあらわす意味で不可）
　　 f. The lake froze solid. （the lake = solid）
　　 g. *The lake froze itself solid. （itself = solid）
　　 h. The metal was hammered flat. （the metal = flat）

結果述語（(4a) の flat, (4c) の sober など）は，主文動詞が他動詞の場合には目的語を修飾し，主語を修飾することはできない（(4a, b)）．非能格動詞でも，(4c–e) に示すように，結果述語が修飾するのは本来動詞が取ることのできないはずの「目的語」であり，「主語」を修飾することはできない．つまり，非能格動詞の主語は，他動詞主語と同じふるまいをしている．ところが非対格動詞では「目的語」を付加することはできず，結果

述語は「主語」を修飾する((4f, g))．これはちょうど，受身文において表層の主語が結果述語の修飾を受ける(4h)の場合と平行的である．このような事実は，非対格動詞の「主語」項が，他動詞の主語ではなく目的語と同じ性質をもつこと，そして受身の主語と同じように，目的語位置から主語位置へ移動すると考えられることを示していると言える．

また，日本語で報告されている例として，次の例を見てみよう．

(5)　a.　学生が [本を神田で 3 冊 / *3 人買った]$_{VP}$
　　　　　先生が [学生を放課後 3 人叱った]$_{VP}$ (学生が 3 人，*先生が 3 人)
　　　b. *子供が [公園で 3 人遊んだ]$_{VP}$
　　　　*酔っぱらいが [夜中に 3 人歌った]$_{VP}$
　　　c.　船が [日本海で 3 隻沈んだ]$_{VP}$
　　　　　大木が [台風で 3 本倒れた]$_{VP}$
　　　d.　酔っぱらいが [夜中に 3 人逮捕された]$_{VP}$
　　　　　大木が [国有林で 50 本切り倒された]$_{VP}$

(5a)のように，数をあらわす数量詞(「3 冊」，「3 人」など)が，修飾する名詞句と離れて出現する数量詞遊離(quantifier float)の文で，遊離した数量詞が動詞句の中にある場合，他動詞の目的語を修飾することはできるが，主語を修飾することはできない．自動詞についてこの現象を見ると，(5b)の非能格動詞では，主語項が遊離数量詞の修飾を受けることができず，(5a)の他動詞の主語と同じふるまいをする．ところが(5c)の非対格動詞では，「主語」が遊離数量詞の修飾を受けることができる．これは，(5d)の受身主語が遊離数量詞の修飾を受けることができるのと平行的である．この事実も，非対格動詞の「主語」が，他動詞の目的語と同じ性質をもつこと，受身主語と同様に目的語位置から主語位置へ移動すると考えられることを示している．(実際には日本語の場合，移動があるのか，動詞句内の目的語位置にとどまったまま主語になるのかは，議論の余地がある(影山 1993)が，ここでの議論には関わらないので，この問題には立ち入らない．)

非能格動詞と非対格動詞については，これ以外にも多くの言語でさまざ

まなふるまい方の相違が指摘されており，その違いは外項と内項の区別としてとらえることができると考えられている．つまり，非能格動詞のもつ項は他動詞の主語と同じ外項であるのに対し，非対格動詞のもつ項は内項であるため，D構造で動詞の目的語位置に投射され，他動詞の目的語と同じ性質を示すのである．なお，非対格動詞の内項は統語部門において主語位置へ移動するため，内項でありながら主文主語位置にあらわれることに注意しておきたい．

次に，語彙的意味表示としてのLCSを見ておこう．これはCAUSE, BECOME, BE, ACTなどの基本述語（primitive predicates）を用いた語の意味分解による意味表示である．putがあらわす事象（event）は，動作主にあたる人が対象にあたるものに何らかの働きかけを行い，その結果，対象にあたるものが特定の場所へ（どこか別の場所から）位置変化を起こす，といういくつかの下位事象（subevent）から成る．それを基本述語を用いてあらわしたのが，(2), (6a)のような表示である．

（6） a. put: [[x ACT-ON y] CAUSE [BECOME [y BE AT [$_{LOC}$ IN /ON z]]]]
　　　b. break: [[x ACT-ON y] CAUSE [BECOME [y BE AT [$_{STATE}$ **BROKEN**]]]]
　　　c. give: [[x ACT-ON y] CAUSE [BECOME [y BE AT [$_{POSS}$ z]]]]

LCS上のx, y, zなどの変項（variable）は，項構造の項に対応し，統語構造上に具現化される．LCS上の項が語彙的に指定されている場合，その項は定項（constant）となる．たとえばbreakというのは，動作主にあたる人の行う行為が，対象にあたるものの状態変化を引き起こすものであり，putとよく似たLCSとなるが，この場合はput ((6a) = (2))の場所項zに対応する結果状態は，語彙的に「こわれた状態」という定項として指定されている((6b))．また，所有権の変化を引き起こすgiveなどの動詞も，同様のLCSとなる((6c))．（物理的な位置，抽象的な状態，所有権の所在は，いずれもBE ATであらわされる．区別が必要な場合は

(6) のように [LOC / STATE / POSS . . .] のような指定をすることで表記し分けるが，その区別が重要でない場合はこの指定を省略する.）

　LCS と項構造とは，(7) のような一定の規則に従って，対応づけ (linking) が行われるものと考えられる.（以下，便宜的に LCS 述語の「主語項」「目的語項」という呼び方を用いるが，これは統語構造上の「主語」「目的語」の概念とは別である.）

(7) 　a. CAUSE の主語項(使役主・原因) → 外項
　　　b. ACT の主語項(動作主) → 外項
　　　c. BE の主語項(対象) → 直接内項
　　　d. ACT-ON の目的語項(被動作主) → 直接内項
　　　e. AT の目的語項(場所) → 間接内項

このことから，たとえば対象の意味をもつものは，直接内項として動詞の目的語位置に生成されるといった形で，上述の UTAH・非対格分析に見られる意味と D 構造上の出現位置との対応関係が生まれると考えられる．ただし，(7a, b) ともに外項への対応づけであることに見られるように，LCS と項構造との対応は 1 対 1 の関係ではないことに注意したい.「動作主」などの θ 役割は，(7) の括弧内に書き込んだように，LCS 上のどの述語のどの項であるかによって（たとえば ACT の主語項は動作主であるというように）定義されると考えられるが (Rappaport and Levin 1988)，便宜的な呼び名として θ 役割を用いることにする．

　このような語の意味表示は，さまざまな言語現象に関与していると思われる動詞のアスペクト的意味分類を，うまくとらえることができる．Vendler (1967) 以来，動詞(句)はその語彙アスペクト的側面から，状態動詞 (stative verb, (8a))，活動動詞 (activity verb, (8b))，到達動詞 (achievement verb, (8c))，達成動詞 (accomplishment verb, (8d)) の 4 つに分類できると考えられている.（厳密には，このようなアスペクト特性は動詞だけでは決まらず，動詞と共起する目的語や前置詞句の性質も関与することが知られている．たとえば build a house は達成であるが，build houses は活動である．Tenny (1994) などを参照.）

（8） a. 状態動詞: know, love, resemble, hate, believe, exist, flourish
b. 活動動詞: walk, swim, talk, sing, cough, push, hit, pull, kick
c. 到達動詞: die, arrive, reach, recognize, notice, break（自動詞）, sink（自動詞）
d. 達成動詞: build (a house), destroy (a city), kill (a rabbit), cut (a cake), break (a vase), sink (a ship)

状態動詞は，時間軸上に始まりも終わりももたない状態をあらわす．この類は，現在継続中の出来事をあらわす進行形になれないのが大きな特徴である（*I am knowing the answer.）．活動動詞は，内在的に時間の区切りのない行為をあらわす．歩くという行為には実際には始めも終わりもあるが，どこが始点・終結点かを行為の性質から規定することができず，時間軸上等質の行為が続けられることをあらわす動詞である．これは達成動詞と比較するとわかりやすい．build a house という出来事は家が完成した時点で必ず終結するが，walk という行為は，どこまで行ったから終結するということがない．walk to the station であれば駅に到着した時点で終結し，これは活動ではなく達成となる．このように達成動詞は，ある程度の活動の結果，何らかの結果状態に到るという意味をもつ．活動動詞は，継続中の出来事を進行形であらわす（John is walking.）が，この進行形の文が対応する現在完了形の文（John has walked.）を含意するという特徴がある．（もし John is walking. が真であれば，John has walked. も必ず真である．）これに対し，終結点をもつ達成動詞ではこのような含意が成立しない（John is building a house. が真であっても，John has built a house. が真であることにはならない）．最後に，到達動詞は活動を含まず，何らかの状態から別の結果状態への変化をあらわす．その変化が起きる時点が内在的に終結点となり，そこに焦点をあてる動詞である．いわば，始点がなく終結点がある推移（transition）と言ってもよい．この類は進行形では活動の継続ではなく，終結点に近づきつつあるという意味になる（e.g.

He is dying.（死にかけている））．

　また，この語彙的アスペクトによる分類は，時間の継続をあらわす for 句と，一定時間内に出来事が終了することをあらわす in 句との共起について，以下のような相違を示すことが知られている．

（9） a. ＜状態＞　He knows the answer *in / *for an hour.
　　　b. ＜活動＞　She swam for / *in an hour.（in 句は，1 時間で泳ぐ活動を終了したという意味では不可．1 時間で泳ぎ始めたという意味なら可．）
　　　c. ＜到達＞　He died *for / in an hour.
　　　d. ＜達成＞　She drew a circle *for / in an hour.

この 4 分類を，LCS によって枝分かれ表記すると，その概略は以下のようになる．

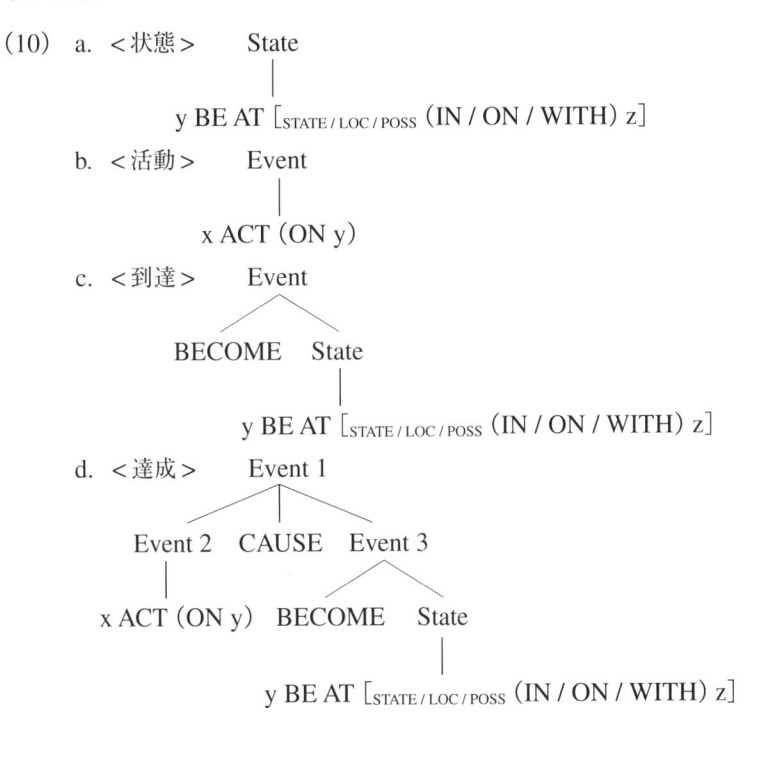

(10) a. ＜状態＞　　　State
　　　　　　　　　　　　|
　　　　　　　　y BE AT [$_{\text{STATE/LOC/POSS}}$ (IN / ON / WITH) z]

　　　b. ＜活動＞　　　Event
　　　　　　　　　　　　|
　　　　　　　　　x ACT (ON y)

　　　c. ＜到達＞　　　Event
　　　　　　　　　　　／＼
　　　　　　　　BECOME　State
　　　　　　　　　　　　　|
　　　　　　　　y BE AT [$_{\text{STATE/LOC/POSS}}$ (IN / ON / WITH) z]

　　　d. ＜達成＞　　　Event 1
　　　　　　　　　　／　　＼
　　　　Event 2　CAUSE　Event 3
　　　　　　|　　　　　　／＼
　　x ACT (ON y)　BECOME　State
　　　　　　　　　　　　　　|
　　　　　　　　y BE AT [$_{\text{STATE/LOC/POSS}}$ (IN / ON / WITH) z]

(10a)の状態動詞はBE ATの述語をもち，物理的あるいは抽象的にyがzにあるという意味で，yが対象役割をもつと分析される動詞にあたる．存在を示すexist, liveなど（zは場所にあたる）や，状態をあらわすflourish（zは「繁栄している状態」にあたる定項）などがこの類に含まれる．また，zが所有をあらわすWITH述語を伴う場合，yはzあるいはzについての情報や感情をもつ経験者（Experiencer）役割にあたり，own, know, loveなどがこの表示をもつと考えられる．

　(10b)の活動動詞は，(ON y)を含まないwalkなどの自動詞のほか，push a cart, kick the wallのような被動作主を目的語として取る他動詞もある．この場合の被動作主目的語は働きかけを受けるだけで，状態変化・位置変化を被ることが含意されるわけではなく，その点で対象を目的語に取る達成動詞の他動詞と区別される．

　到達動詞(10c)は，BECOME述語に(10a)の状態述語が下位事象として埋め込まれた形になり，yの状態変化・位置変化，出現などをあらわす動詞（自動詞のbreakやsink, arrive, emergeなど）のLCS表示である．また，StateがWITH述語を含むfind, noticeなどの動詞もある．なお，(10a), (10c)において，zがWITHを伴う所有の意味の場合，項構造との対応はyが外項，zが直接内項に対応すると考えられる．詳細に立ち入る余裕はないが，このような場合は(7)のような対応づけとは別の仕組みが必要となる（影山(1996, 2章)を参照）．

　(10d)の達成動詞は，もっとも複雑な意味構造をもつ動詞で，CAUSE述語の，主語項に(10b)の活動事象が，引き起こされる事象をあらわす項に(10c)の到達事象が，それぞれ下位事象として埋め込まれていると考えられる．xの(yに対する)何らかの活動(Event 2 = ACT (ON y))が，yがzである状態(State = BE)になる推移事象(Event 3 = BECOME)を引き起こすという使役事象(Event 1 = CAUSE)，ということになる．状態変化・位置変化の使役動詞（他動詞のbreakやsink, (2)で見たputなど），作成動詞(build, writeなど．この場合，zは「現実世界」の意味の定項([IN WORLD])となり，概略「現実世界に存在する状態になる推移を引き起こす」という意味のLCS表示となる)，give, provideなど所

有権の変化をあらわす授与動詞などがこれにあたると考えられる．

　もちろん，すべての動詞がこのような LCS に基づくアスペクト分類できれいに分けられるわけではなく，さらに細かな分類が必要であると考えられる．（たとえば 3.1.4 節で議論する perspire などの動詞の LCS 分析が正しいとすれば，(10) のような 4 分類と LCS の対応関係にはうまくあてはまらないことになる．）しかし，さまざまな言語現象に関与することが知られている 4 分類をとらえる方法として，このような LCS によるテンプレート（雛形）の設定には意味があると考えられる．

　また，このような LCS から CAUSE, BE などの述語を捨象し，Event, State という事象だけを取り出した事象構造（Event Structure）を，LCS とは独立した語彙的意味構造として認める立場がある（Pustejovsky 1991, 1995）．語形成だけでなく，統語現象をも視野に入れ，言語現象の記述・説明にどのような語彙情報の表示が必要であるか，さまざまな検討が続けられている．事象構造が LCS と別に必要であるか否か，また必要であるとしてそれをどう形式化するか，といった問題は今後の検討課題である．事象構造は，基本的には LCS から読みとることのできる情報で構成されるものなので，本書では事象構造を含む形の LCS を，語彙的な意味表示として採用することにする．

　ここまでは動詞の語彙情報を中心に見てきたが，主に名詞を扱うのに役立つ語彙情報として，特質構造（Qualia Structure）という表示レベルが Pustejovsky (1995) によって提案されている．（特質構造は，名詞だけでなく動詞や形容詞にもあると考えられているが，中心的な役割を果たすのは名詞の分析においてである．）特質構造は，4 つの要素から成り立つ．

(11) a. 構成役割（Constitutive Role）：　材料，重さ，成分など，ものとその構成要素の関係をあらわす
　　　b. 形式役割（Formal Role）：　具体物・抽象物の別，人工物・自然物の別，形状，色，大きさなど，そのものの外的特徴
　　　c. 目的役割（Telic Role）：　そのものがもつ機能，目的
　　　d. 主体役割（Agentive Role）：　そのものがどのようにして作られたか

たとえば，book という名詞の特質構造の概略は次のようになる（cf. Pustejovsky 1995, 101; 影山 1999, 44）．

(12) 構成役割： information (x)・physical object (y)
　　 形式役割： hold (y, x)
　　 目的役割： read (e, w, x・y)
　　 主体役割： write (e′, v, x・y)

本は具体物である紙 (y) と情報 (x) から成る（構成役割）．具体物が情報をもつ（紙に情報が書き込んである）というのが本のあり方である（形式役割）．本は読者 (w) が本 (x・y) すなわち紙 (y) に書かれた情報 (x) を読むという事象 (e) を目的としたものであり（目的役割），著者 (v) が本 (x・y) を書くという事象 (e′) によって作られる（主体役割）．このような情報を表示したのが特質構造である．ここでその詳細に立ち入る余裕はないが，本書では，派生名詞の意味構造や名詞からの転換動詞などの意味を検討する際に，この特質構造を利用することになる．

　以上のような形式的な意味表示のほかに，語彙項目の意味としては，たとえば jump と hop の違い，rat と mouse の違いといったさらに詳細な情報も，レキシコンに登録されていると考えられる．しかし，このような意味情報は，統語構造への投射や語形成に直接的には関与しないと考えられる．生成文法の枠組みにおける語彙意味論の研究は，統語的・形態的文法現象に関与する意味情報をすべて，そしてそれだけを含む語彙的意味表示レベルを探求してきており，本書でも，文法現象に関わらない意味の詳細は考察の対象からはずすこととする．

　以下本章では，項構造と LCS とを中心に，語彙表示レベルとの関係でさまざまな語形成過程をどのようにとらえることができるかを検討することにする．

2.2　項構造と語形成

2.2.1　項構造と接辞付加

　項構造に関与する接辞は，主に接尾辞である．これは，1.2 節で見たよ

うに，英語，日本語ともに語形成が右側主要部規則に従うためであると考えられる．統語範疇の変更は統語的な主要部としての役割であるため，そのような働きをもつ接辞は右側に出現するのである．

接辞には，基体の項構造に一定の変化を加えるもの（(13a)），項構造をそのまま継承するもの（(13b)），特に定まった変化は加えないが，項の全部または一部の継承が妨げられるもの（(13c)）がある．

(13) a. -ify 付加: 項（使役主・原因項）を1つ増やす
 The point is clear.
 She clarified the point.
 b. -ive 付加: 項を継承する
 His behavior indicated the failure of the plan.
 His behavior was indicative of the failure of the plan.
 c. -(at)ory 付加: 項の継承が阻止される
 She consoled herself.
 *She was consolatory of herself.

2.1節で見たように，LCSと項構造は対応づけの規則によって連動するものであるから，これらの語形成過程をどちらのレベルでとらえるべきかは自明ではない．が，語形成には，θ役割の種類ではなく，外項・直接内項・間接内項という項構造に指定されている区別に明示的に言及するものや，基体の項構造を受け継ぐと考えられるものがある．この節では，そのような項構造という語彙的統語表示レベルでとらえるのが妥当であると思われる語形成過程の具体例を見ることにする．

まず，いわゆる動作主名詞を作る -er という接辞を考えてみよう．(14a) は自動詞，(14b) は他動詞に -er がついた例であるが，このような -er 名詞は，基体の動詞のあらわす動作を行う主体を指すので，動詞の外項に言及すると言える．（形式的には，-er という接辞が外項と同一指標をもつと分析できる．すなわち，kick: x < y > の項構造に対し，kicker of the ball においては，-er が外項 x，the ball が内項 y の具現であるととらえることができる．）

(14) a. swimmer, runner, walker, talker, weeper, sleeper, prayer, ...
   b. saver (of lives), kicker (of the ball), thrower (of the ball), singer (of songs), driver (of trucks), writer (of books), ...

-er 名詞は，動詞の主語を指すように思えるかもしれないが，それでは以下のような -er 名詞が容認できないことを説明できない．

(15) *disappearer, *escaper, *collapser, *happener, *exister, *occurrer, *dier, *laster, *appearer, *wilter

これは，単なる語彙的ギャップではない．2.1 節で見たように，自動詞は非対格動詞と非能格動詞とに分類できるが，(15) は非対格動詞を基体とする例である．(14a) のような自動詞に -er が付加される例は，基体が非能格動詞の場合である．

また，他動詞の目的語と自動詞の主語が対応する自他両用の動詞に -er がつく場合，一般に自動詞の主語を指す解釈は得られない．たとえば drop は，落とす，落ちるという自他両用の動詞であるが，dropper は「落とす人」の意味（あるいは後述の道具の意味で「スポイト」の意味）をもち，「落ちるもの」という意味にはならない．同様に，dryer, cleaner, melter, burner, opener, tearer などの例も，自動詞の主語（他動詞の目的語）にあたるものを指す意味はもたない．

これらの例から，他動詞と交替できない disappear, escape なども，他動詞と交替する drop, dry なども，非対格動詞は -er を受けつけないことがわかる．2.1 節で論じたように，非対格動詞は内項のみをもつ自動詞である．したがって -er が外項に言及するととらえれば，(15) の例は基体の動詞が外項をもたないため，容認されないと説明できる．一方，表層の主語という概念では，(14a) と (15) の対比をとらえることはできない．

また，-er 名詞の指示対象は動作主という θ 役割でとらえることもできない．(16a) のような経験者を指す -er 名詞もあるし，(16b) のような道具 (Instrument) を指す-er 名詞も多いからである．

(16) a. an admirer of the Greek poets, a loser of the 200-yard dash, a

lover of French cuisine　　　（Levin and Rappaport 1988）
　　b. rice-cooker, can-opener, pencil-sharpener, burner（バーナー）, cleaner

（一般に単独の -er 名詞は，動作主にも道具にも解釈されうる場合が多い（e.g. cleaner, washer）が，cooker の例のように，動作主をあらわす名詞は cook が存在するため，阻止現象（⇒ 1.4）によって道具しかあらわさない場合もある．）

ただし，-er 名詞がどのような道具でもあらわすことができるかというと，そうではない．Levin and Rappaport (1988) の例を見てみよう．(Jackendoff (1990) も参照のこと．)

(17)　a.　The new gadget opened the can. → can opener
　　　b.　The old machine sanded the floors. → sander (= sanding machine)
(18)　a.　*The fork ate the meat. → *eater（道具の解釈不可）
　　　b.　*The magnifying glass saw the crack. → *seer（道具の解釈不可）
(19)　a.　The crane loaded the truck. → crane = loader
　　　b.　*The pitchfork loaded the truck. → pitchfork ≠ loader

同じ道具であっても，-er 名詞が指示対象にできるのは，動作に直接的に関与し変化を引き起こす内在的な力をもつものに限られ，これは文法的には主語位置に立つことのできる外項の資格をもつものである．(17), (18) のように，動詞によってこのような道具主語を取れるものと取れないものがあるが，このような道具主語の容認可能性と，道具の意味の -er 名詞の容認可能性とが連動していることがわかる．また，(19) のように同じ動詞であっても，道具の性質によって外項の資格をもてるものともてないものがある場合もある．このような場合も，道具主語の容認可能性と -er 名詞の可能性とに関連がある．さらに，Levin and Rappaport は以下のような対比もあげている．

(20)　a.　Bill loaded the truck with cartons.

  b. *Cartons loaded the truck. → *loader（「載せる物」の解釈不可）
(21) a. Sue filled the pail with water.
  b. Water filled the pail. → filler

この場合も，(20a), (21a) はどちらも，with 句は場所・容器を占める物材を指すが，それが (21b) のように主語になることができる場合は，対応する -er 名詞が可能である．loader が「荷物として載せるもの」の意味にならないのに対し，filler は「詰め物」の意味で用いられる．ここでも，-er 名詞は外項のみを指すことができるという一般化が支持される．

 -er 名詞が外項を指示するという一般化には，以下のような例外がある．(22) の -er 名詞は外項にはならない道具を指しており，(23) の例では基体動詞の内項を指す解釈をもつ．

(22) slippers（スリッパ），weeper（喪章），sneakers（スニーカー），strollers（カジュアルシューズ）   （影山 1999, 146）
(23) a. best-seller, rapid / slow-grower
  b. breaker（くだける波），reader（読本），poster
              （*ibid.*, 147）
  c. broiler（焼き肉用の鶏），fryer（フライ用の鶏肉），roaster（ロースト用の肉），cooker（火を通す料理に向く果物・野菜），boiler（煮物用の肉・野菜），steamer（オオノガイ（貝の一種））
  d. sinker（野球のシンカーボール），spinner（野球でスピンをかけた球），floater（野球でスピンをかけないスローボール），twister（ひねり回転のかかった球），slider（野球のスライダー）

しかし，このような外項以外のものを指示する例は，外項を指す例に比べて数が少ないうえ，意味的に透明でなく，限られた意味で語彙化されているものが多い．たとえば sneaker はゴム底の運動靴を指し，足音を立てずに歩ける靴をすべて指すわけではないし，weeper は泣くときに身につけるものすべてを指すわけではない．breaker も壊れるものを何でも指すわ

けではない．broil, fry できるのは鶏肉に限らないが，broiler, fryer は鶏肉を指す．sinker を例にとると，誰かが何か特定のものを沈めたという文脈で，(24a) のような外項を指す -er 名詞は，of 以下にどのような名詞が来ても文脈と適合すれば用いることができる．それに対して，同様の文脈で「沈んだもの」を指すために，内項を指す -er 名詞を (24b) のように用いることはできない．

(24) a. The sinker of that boat / stone / bottle / toy turned out to be a young girl.
   b. *The sinker turned out to be a boat / stone / bottle / toy.

このように，外項以外のものを指す -er 名詞は，語彙化してレキシコンに蓄えられている例は存在するものの，意味的な規則性に欠け，生産的に用いることはできない．さらに，このような -er 名詞の例を見ると，(22) は weeper 以外は履き物，(23c) は料理の素材，(23d) は野球の球種というように，特定の意味領域に限って用いられる傾向がある．これは，4.2 節で扱う日本語の名詞化接辞「－み」にも見られる特徴であり，意味ネットワークに支えられる語形成の特徴であると言える．これに対して，項構造レベルで外項に言及する -er 名詞は，意味が基体動詞の項構造から予測できるという意味において規則的であり，生産的に用いられる．

ここまで，生産的に用いられる -er 名詞が指すものが，基体動詞の外項にあたるということを見てきた．では，基体のもつ内項はどう表現されるのだろうか．動詞の直接内項は，(25) のように of 句で表現することができる（Allen 1978, 166; Rappaport Hovav and Levin 1992）．このような例においては of 句を省略することはできないので，これらの -er 名詞は動詞同様に項構造をもち，内項を取っていると考えられる．

(25) a. a breaker *(of promises)　cf. *He breaks.
   b. a closer *(of doors and windows)　cf. *He closes.
   c. a shower *(of thoroughbred horses)　cf. *He shows.
   d. a devourer *(of fresh fruit)　cf. *He devours.

一方，2.2.2節で扱う動詞由来複合語の一類として，内項を取り込んだ a story teller のような複合語タイプの -er 名詞もある．pencil-sharpener のような道具を指す複合語は，a sharpener for pencils と言い換えられる (Rappaport Hovav and Levin 1992) ことから，このような -er 名詞は，「名詞 + 名詞」の複合語 (e.g. dog food = food for dogs; ⇒ 2.2.2) の解釈をもっており，基体動詞の項構造は関与しないとする分析も可能である（影山 (1999) の議論を参照）．しかし pencil sharpener のような語は，2.2.2節でも述べるように生産的な動詞由来複合語として，pencil が動詞の内項であるという解釈も可能であり，二義的であると考えられる (cf. window cleaner は二義的，vacuum cleaner は「名詞 + 名詞」複合語の解釈のみ)．さらに，「名詞 + 名詞」複合語の解釈ができるのは，-er 名詞自体（たとえば sharpener）が単独の名詞として語彙化されている場合に限られるようであり（由本陽子氏の指摘による），すべての N + V-er 複合語に可能なわけではない．実際，(26) のような例は，モノを指す例 (e.g. the soul breaker) であっても，また人を指すもの (e.g. law breakers) であっても，「名詞 + 名詞」の複合語とは解釈できず (*the breaker for souls, *breakers for laws)，基体動詞の内項が複合語内に投射されていると考えられる ((26) の例はすべて *OED* より)．

(26) The invention is a great labour-saver.
a time-saver, record breakers, law breakers, the soul breaker（ある獄舎を表現している），a network former, the status seekers, a time-killer

基体動詞の内項が統語構造に投射される場合と，複合語内に投射される場合とについて，次のような興味深い対比が指摘されている (Rappaport Hovav and Levin 1992)．

(27) a. He is a saver of lives.
b. He is a life-saver.

(27a) は，実際の人命救助という出来事の発生を前提とした表現であるが，

(27b) は「人命救助を職業とする人」ということであって，実際には人命救助の経験がなくてもかまわない．このような差は，-er 名詞の項が句レベルで of 句として具現化されているか，複合語の一部として語内部に投射されているかによって決まってくる．道具名詞の場合も，複合語 (e.g. coffee-grinder) は出来事の発生を前提としないし(実際にはコショウを挽くのに使っていたとしても coffee-grinder である)，(28) のように of 句を取る例は，出来事の発生を前提とした解釈になる．

(28) a. Woks have always been conservers of cooking oil as well as fuel.
b. It wasn't the explosion, but rather the ensuing fire, that was the real destroyer of the city.

したがって，出来事を前提とするかどうかは，動作主か道具かといった θ 役割には関係なく，基体動詞の項構造の投射のしかたによって決まると考えられる．

(25) や (28a) の例は，特定の出来事の発生を前提としてはいないように見えるかもしれない．しかし，これらの例は動詞の現在形が習慣的な行為をあらわす (He breaks promises. / Woks conserve cooking oil.) のと同じく，習慣性から総称的 (generic) な解釈が生じているのであって，習慣的にそのような行為が行われていることを前提とする．その点で，life-saver がある行為を目的として意図された職種であって，実際にそのような行為が行われた(あるいは行われる)ことを前提とするわけではない，というのとは性質が異なる．

項構造を統語的に of 句として投射する -er 名詞は，いわば動詞句があらわす個々の出来事を取り上げ，その中の外項を名詞として取り立てていると考えられる．(28a) のように習慣的な行為を取り上げる例もあるが，(28b) のような例では，具体的な過去の出来事を取り上げている．このような -er 名詞の用法は，文脈が整えば，制限なく生産的に用いられる．たとえば，島村 (1990) は，-er 名詞が -ing による名詞化と同じく，出来事を名詞化する役割をもつ可能性があるとして，以下の Quirk et al. (1985,

1534) の例をあげている．

(29) The scribbler of this foul message should be punished.
cf. The scribbling of this foul message should be punishable.

動詞は，その項構造を統語構造に投射することで，具体的な出来事をあらわす「事象」としての解釈を得ると考えられる．(28), (29) のような例では，-er 接辞による名詞化において，このような動詞句の解釈と同様のことが起こっているのである．(このような，基体動詞の項構造の投射と事象解釈との関係については，3.1 節で再び考察する．)

これに対して，複合語の内部に項があらわれる場合は，1.3 節で見た「語の解釈の総称性」の制約により，特定の出来事の発生を前提とするような解釈は得られない．このような -er 複合語は，「行為を行うため」の道具や職種に対する名づけという機能をもち，たとえば mailman, fireman などの -man という複合語を避けるために mail-deliverer, fire-fighter といった新語が生まれたように，道具なり職種なりに新たな名づけの必要があれば生産的に作ることもできる．すでに見たように，外項を指すこれらの -er 名詞は，内項を指すものに比べて数も多く，意味も規則的であり，生産性も高いが，項構造を統語的に句レベルで投射する -er 名詞とは異なり，特定の事象に言及することはないため，恒常的な職業・道具としての名づけ機能をもつのである．

次に，動詞の過去分詞から作られる形容詞について見ておきたい．(これらは一般に形容詞受身 (adjectival passive) と呼ばれているが，後に見るようにこの形容詞は自動詞からも派生され，「受身」という呼称は適切でないので，ここでは分詞形容詞と呼ぶことにする．) この形容詞は多くの場合，他動詞から派生し，基体動詞の目的語を主語に取り立てる．

(30) The vase was broken.
The door was closed.

語形が過去分詞と同一であるため，受動分詞と同一視されることもあるが，Wasow (1977) が指摘するように，これは動詞から派生した形容詞

であるととらえるべきである．まず，形容詞に付加する否定接辞 un- を付加することができ（unknown, unpublished），名詞化接辞の -ness 付加（boundedness, limitedness）や，副詞化接辞の -ly 付加（restrictedly, disturbedly）が可能であるといった点で，形態的に形容詞の特徴を示す．また，段階的な意味をもちうるものは very による修飾が可能であり（very surprised, very appreciated），さらに，名詞の前位置で名詞を修飾したり（a broken vase, a closed door），seem, remain などの補部にあらわれる（The door remained closed. / Their behavior seemed totally unexpected.）といった点で，統語的にも形容詞のふるまいを示す．したがって，分詞形容詞は，動詞から形容詞を作る語形成操作による派生語であると考えられる．

　Wasow はさらに，(31), (32) のような分詞形容詞と受動分詞の違いを指摘している．二重目的語構文のいわゆる「間接目的語」や，例外的格付与（ECM）構文（We believe the boy to be guilty. のような構文）の埋め込み主語は，分詞形容詞の主文主語としてあらわれることができない（(31b), (32b)）のに対し，受動分詞では対応する構文が容認される（(31a), (32a)）．((31b), (32b) の unsold / believed は seem / remain の補語であることから，分詞形容詞であり，受動分詞の解釈はできない．(31a), (32a) では sold / believed が受動分詞の解釈で容認される．)

(31)　a.　The customer was sold a car.
　　　b.　*The customer remained unsold (of) a car.
(32)　a.　The boy is believed to be guilty.
　　　b.　*The boy seems believed to be guilty.

　こう考えると，(30) のような例は，受動形の解釈と分詞形容詞の解釈の，どちらも可能であることになる．実際 The door was closed at 5 o'clock. は「5 時に閉められた」という受動の解釈と，「(何時に閉められたかはわからないが) 5 時には閉まった状態だった」という形容詞の解釈との 2 通りの意味をもっている．以下では，語形成としての分詞形容詞形成にしぼって話を進める．

Bresnan (1982) は，分詞形容詞が自動詞からも派生できることを指摘している．(この点でも分詞形容詞は受動形と異なっている．) しかし，どのような自動詞でも可能なわけではない．ここでも，先に見た非能格動詞と非対格動詞の区別が関与している (Levin and Rappaport 1986)．

(33) a. ＜非対格動詞から派生する分詞形容詞＞
wilted lettuces, decayed teeth, elapsed time, fallen leaves, an undescended testicle
b. ＜非能格動詞から派生する分詞形容詞＞
*run men, *walked girls, *cried babies, *laughed boys, *slept women

また，自他両用の動詞から派生した分詞形容詞の中には，自然発生的な状態変化をあらわすという意味的な面から考えて，自動詞から派生したと思われるものがある．

(34) a collapsed lung, faded flowers, vanished civilization

このように，分詞形容詞の主語は他動詞の目的語あるいは非対格動詞の主語に相当するが，非能格動詞の主語に相当するものは容認されない．これは，項構造のレベルで考えれば，分詞形容詞の主語は基体動詞の直接内項にあたるものに限られるという形でとらえることができる．

このような項構造分析を採れば，(31)，(32) のような事実も，間接目的語は間接内項であり，ECM の埋め込み主語は動詞 ((32a) では believe) の項ではない，という面からの説明が可能になる．(ECM 構文では，believe が取る項は不定詞全体 (I believe the boy to be guilty. では [the boy to be guilty]$_{IP}$) であって，the boy は believe の項ではなく，埋め込まれた不定詞句の主語項である．) さらに，二重目的語構文の間接目的語が間接内項であるという分析は，与格交替 (dative alternation, (35)) と場所格交替 (locative alternation, (36)) に関わる分詞形容詞のふるまいの違いも説明できる．

(35) a. He sent the packages to his friend.

　　　　b. He sent his friend the packages.
(36) a. They planted trees in the garden.
　　　　b. They planted the garden with trees.
(37) a. *His friend remained unsent (of the packages).
　　　　b. The garden remained unplanted (with trees).

どちらの交替も，(35a), (36a) で前置詞句としてあらわれている着点・場所項を (35b), (36b) では名詞句として表現するが，(35b) ではこの名詞句は間接内項(二重目的語構文の間接目的語)であるのに対し，(36b) では直接内項(動詞の直接目的語)である．したがって，(37) のような分詞形容詞の容認度は，分詞形容詞が基体動詞の直接内項を主語とするという仮説で正しく予測できる．
　さらに，以下のような例も同様に説明できる (Ito 1994)．

(38) a. They informed the citizens that the mayor died.
　　　　b. They informed the citizens of the mayor's death.
　　　　　*They informed the citizens the mayor's death.
　　　　　*They informed the mayor's death to the citizens.
　　　　c. The citizens were left uninformed that the mayor died.
(39) a. The mayor promised the citizens that taxes would be reduced.
　　　　b. The mayor promised the citizens tax reduction.
　　　　　The mayor promised tax reduction to the citizens.
　　　　　*The mayor promised tax reduction of the citizens.
　　　　c. *The citizens remained unpromised that taxes would be reduced.

(38a) と (39a) は一見同じ統語構造をもつように見えるが，分詞形容詞の容認性については，(38c), (39c) に示したような差がある．これらの動詞は情報などの伝達をあらわす動詞であるが，inform は (38b) に示したように，情報の受け手を直接内項(直接目的語)として取っているのに対し，promise では (39b) が示すように，情報の受け手は間接内項(間接目

的語，または前置詞句)である．このような項構造の相違に着目することによって，分詞形容詞の主語が直接内項に限られるとの仮説から，(38c)，(39c) の分詞形容詞の容認度の差は，2つの動詞の項構造の違いによるものであると説明することができる．

　一方，分詞形容詞の主語は，基体動詞の LCS では (40) のように，状態・位置変化動詞の BE AT の主語項，働きかけの動詞の ACT-ON の目的語項，知覚動詞の BE AT WITH の目的語項などにあたり，一義的には決まらないと思われる．（分詞形容詞の主語にあたるのは太字にした項である．なお，(40d, e) における z と直接内項の対応については，2.1 節を参照．)

(40) a. ＜状態変化動詞＞
　　　break: [[x ACT-ON y] CAUSE [BECOME [**y** BE AT [BROKEN]]]]
　　　John broke the glass. / broken glass
　　　a closed door, cut flowers, shattered stones, an unshaved chin
　b. ＜位置変化動詞＞
　　　load: [[x ACT-ON y] CAUSE [BECOME [**y** BE AT [ON z]]]]
　　　They loaded the boxes on the truck. / The boxes remained unloaded.
　　　an unsent message, unshelved books
　c. ＜働きかけの動詞＞
　　　play: [x ACT-ON **y**]
　　　They played the record. / unplayed new records (*OED*)
　　　the much discussed question, an untested drug, the casting appears unattacked (*OED*), untackled problems
　d. ＜知覚動詞＞
　　　know: [**y** BE AT [WITH-INFORMATION-ON z]]
　　　We do not know the place. / the place unknown to us
　　　the unseen, ghostlike rifleman (*Brown*, N11 29), unfelt radiation (*OED*), the unheard *Ole*s of the crowd (*OED*)

e. ＜知覚動詞＞
notice: [BECOME [y BE AT [WITH-INFORMATION-ON z]]]
They noticed these things. / These things remained unnoticed. unperceived objects, a previously unrecognized advantage (*OED*)

　また，分詞形容詞は，基体の動詞のアスペクト的な特徴もさまざまである．(41a)のような状態変化を示す達成動詞が多いが，(41b)のような到達動詞，(41c)のような活動動詞，(41d)のような状態動詞の例も多く，基体動詞の事象構造・アスペクト特性で分詞形容詞の可否をとらえることもできない．

(41)　a.　broken vase, murdered man
　　　b.　fallen leaves, unperceived objects
　　　c.　unplayed records, the much discussed question
　　　d.　unknown places, unloved children

　以上，-er名詞と分詞形容詞が，それぞれ基体動詞の外項と直接内項とに言及する形で，項構造レベルでとらえられることを見てきた．項構造分析の例外となる外項以外を指す-er名詞も存在するが，特定の意味領域に偏っており，特殊な意味をもつ語彙化した例であると考えられる．このような例外を除いて，-er名詞や分詞形容詞の形成は生産性が高く，透明な意味をもつ．これは，主要部と項との文法関係に基づく語形成の特徴であると考えられる．

2.2.2　項構造と複合語の形成

　複合語形成とは，1.2節で述べたように，自立語を組み合わせて，より複雑な概念をあらわす語を作ることである．複合語はさまざまな品詞の語で作られるが，特に数が多いのは，次にあげるような「名詞＋名詞」の複合語である．

(42)　dog food, silver chain, picture book, bread basket

名詞が主要部の複合語の場合，左側の語が右側の主要部に対して何らかの修飾をしているが，その関係は一定ではない．(42)を例にとると，それぞれ dog food「〜のための」, silver chain「〜でできた」, picture book「〜という特徴をもつ」, bread basket「〜を入れる」というように，すべて異なる関係になっている．これは名詞が，基本的には他の語と文法的関係をもつことがないためである．ただし，2.1節で述べた名詞の意味特徴（特質構造）から，組み合わされる名詞の種類に基づいて関係を予測することはできる．たとえば，bread basket の主要部である basket の目的役割は「入れ物」であるので，その前に来る bread はそこに入るものである，というように．しかし，同じ複合語に対して「パンでできたカゴ」，「パンの形をしたカゴ」などという別の解釈も，文脈によっては十分にありうるので，名詞の意味特徴に基づく予測は，あくまでも典型的なケースだけにあてはまる．名詞と名詞の複合は，その間に文法関係がないがゆえに，さまざまな解釈が可能になるのである．このような複合語は語根複合語（root compound）とも呼ばれ，語形成としての生産性は高い（用例がたいへん多い）が，多様な解釈が可能なことから，規則性は低いと言うことができる．

これに対して，これから概観する動詞由来複合語（deverbal compound）は，動詞とその補語からなるので，特定の解釈を受けやすい．さらに，名詞同士の複合とは異なり，どのような組み合わせでも許されるわけではない．具体例を見ていこう．まず，動詞由来複合語は，現在分詞（-ing），-er 派生名詞，受動分詞（-ed）を主要部にもち，次の例にあげるような意味の名詞や形容詞として使われる．

(43) a. （動作）　　dish washing, letter writing, church going
　　　b. （動作主）　taxi driver, dog trainer, beer drinker, cave dweller
　　　　（道具）　　can opener, water cooler, coffee maker
　　　c. （特徴）　　fun-loving, heart-warming, moth-eaten, hand-made, quick-frozen

これらの複合語では，第一要素にあらわれることができるものが制限さ

れていて，動詞句内の必須要素はすべて複合語内に投射されなければならない (Roeper and Siegel 1978; Selkirk 1982). これはすなわち，以下に示す項構造の < > 内の要素が必ずあらわれなければならないということで，次の例からもわかるように，他動詞ならば内項以外の付加詞があらわれることはできないし ((44a))，3項動詞の場合は，複合語そのものを作ることができない ((44b)).

(44) a.　x < y >:　　　　devour y fast → *fast devourer
　　　　　　　　　　　　*quick-maker, *home devourer
　　　b.　x < y, to-z >:　hand toys to babies → *toy-handing, *baby-handing
　　　　　x < y, on-z >:　put books on the table → *book-putting, *table-putting
　　　　　　　　　　　　(cf. *baby-toy-handing, *toy-handing to babies, *book-putting on the table（Selkirk 1982, 37))

3項動詞から複合語が作れないのは，(44b) の cf. に示した例からもわかるように，語の二股枝分かれ構造の制約 (⇒ 1.2) から両方の内項を複合することができないし，内項の片方だけを複合すると，必須内項の一部が複合語内に具現化されないことになるからである．これは，間接目的語交替を起こす hand (e.g. hand babies toys) のような場合も，交替を起こさない put のような動詞の場合も同様である．なお，*table-putting が容認されないのは，複合語内に前置詞の on があらわれないので意味役割が解釈不可能なためと思われるかもしれないが，(43) の間接内項を第一要素とする例 (church going, cave dweller) が示すように，前置詞句補語内の名詞が複合することは可能なので，そのような説明はできない．

　一方で，非能格動詞の場合は，< > 内に項がないので，付加詞が複合語にあらわれる ((45a))．さらに主要部が受動分詞である場合にも，内項は主語に投射されるので複合語にはあらわれず，代わって付加詞があらわれたり ((45b))，受身操作によって付加詞に降格された動作主 (by NP) が複合することができる ((45c))．

(45) a. x< >: work hard → hard worker; light eater, heavy smoker
b. y< >: picked by hand → hand picked; home-grown, well-known
c. y< >: approved by the government → government approved; teacher-trained

このように動詞由来複合語は，基体動詞の項構造による制限が存在するという点で，普通の名詞複合語とは異なっている．では，その内部構造はどのようになっているのだろうか．動詞由来複合語は，表面上は，名詞と名詞または形容詞の複合である（[dish]$_N$ [washing]$_N$ / [taxi]$_N$ [driver]$_N$ / [fun]$_N$ [loving]$_A$）が，何らかの形で，主要部の名詞や形容詞に含まれる動詞と，第一要素との文法的な関係を明示できる構造が必要になる．この点に関してはいくつかの異なる分析があるが（Roeper and Siegel 1978; Selkirk 1982; Lieber 1983），ここでは，主要部の動詞がその補語（または修飾要素）と結びつき，それが接辞によって名詞化（または形容詞化）されたものとして，(46)のような構造を採用する．

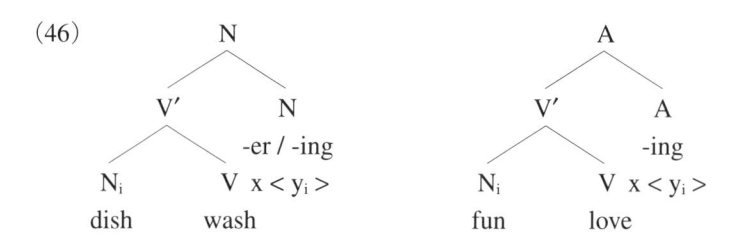

(46)

```
        N                              A
       / \                            / \
      V'  N                          V'  A
     / \  -er / -ing                / \  -ing
    N_i  V x<y_i>                  N_i  V x<y_i>
    dish wash                      fun  love
```

(46)の構造から，接辞が動詞に付加した結果，dish washer のような複合語ができると考えられる．なお，この図では動詞と補語が V′ を形成するとしているが，この要素は N または A に支配されて語の一部をなすために，句レベルであらわれる V′ とは異なった性質をもつことに注意したい．まず，動詞と補語の語順が動詞句の場合（wash dishes）と逆だが，これは，英語は句のレベルでは左側主要部である（[V NP]$_{VP}$）のに対して，語のレベルでは 1.2 節で見たように右側主要部であるために，動詞が右側に来ているのである．さらに，名詞に修飾要素がつかないこと（*dirty-dish washer），屈折接辞がつかないこと（*dishes washing）なども，語の内部であることから説明できる．また，2.2.1 節で -er 名詞について見たように，複合語の場合は出来事の発生を前提としない「総称性解釈」が強制されるが，これも語内に V′ が投射されているためであると考えられる．

(46) のような内部構造は，語レベルの要素（N または A）が V′ を支配するという点で，X バー理論などの句構造の制約に従わない有標なものだが，このように，複合語の内部構造に「動詞句」に相当する要素を想定することで，次のような例が自然に説明される．

(47) hard worker, light eater, quick thinker, fast mover, slow eater

これらの例は，表面上の品詞で見ると「形容詞＋名詞」となっているが，その意味の成り立ちを考えてみると，形容詞が名詞を修飾しているわけではないことがわかる．たとえば，hard worker は "worker who is hard" という解釈では意味をなさず，正しくは "someone who works hard"（よく働く人）であるし，light eater は "eater who is light" ではなく "someone who eats light"（少食の人）が一般的な解釈である．つまり，(47) の第一要素は形容詞のように見えるが，意味的には副詞であり，主要部名詞（worker, eater）に含まれる動詞（work, eat）を修飾していると考えれば，複合語の意味が正しく理解できる．そこで (46) のような内部構造を立てると，V′ のレベルで動詞と副詞が結びつく（[hard work]-er, [light eat]-er）ので，これらの例の解釈が構造から自然に導かれるわけである．なお，意味的には副詞である light などに -ly がつかないことについては，-ly が派生接辞ではなく，特定の統語構造においてあらわれる屈折接辞だという説明が可能である（詳細は Sugioka and Lehr (1983)）．

さらに，(46) の構造は，動詞由来複合語の機能も明示的にとらえている．動詞由来複合語は，ある行為，行為者，または状態に名前をつける機能をもつが，より具体的には，(46) の V′ 内の要素があらわす動作（wash dish, work hard など）を，接辞付加（-ing, -er）によって名詞（dish washing, dish washer）または形容詞（hardworking）とすることで名前をつけていると考えることができる．その際に，ある行為を特定するための主要

要素が，動詞に加えて内項（wash *dishes*）であり，内項がない場合は付加詞（work *hard*）なのである．項構造というのは，2.1節でも見たように，動詞の必須要素を規定するものなので，動作に名前をつける機能をもつ複合語が，項構造の制約に従うことは自然なことだと言える．動詞由来複合語形成は，非常に生産的な造語規則であり，新しい複合語の例も日常的に観察されるが，それはこのような動詞の項構造に基づく制限によって，常に規則的な解釈を得ることができるためだと考えられる．

複合語による動作の名づけは，日本語にも数多く見られ，その第一要素には内項の名詞が入ることが多い．日本語では英語と違って，主要部が動詞連用形で特定の接辞を伴わないので，次の例からもわかるように，複合語全体が行為，人や道具，性質のどれを指すのかは，明示されない．また，日本語では英語と違って，語レベルでも句レベルでも右側主要部であるので，英語のように複合語内で補語と動詞の語順が逆転することはない．（第一要素に付加詞を含む複合語については，3.3節で詳しく述べる．）

(48) a. 行為： ゴミひろい，野菜作り，手紙書き，寺参り，塾通い
    b. 人・道具： ピアノ弾き，弁当売り，爪切り，湯飲み
    c. 性質： マンガ好き，もの知り，親泣かせ，大飯食らい

この中で，(48b)にあげた道具の例には，英語との興味深い違いが見られる．すでに見たように，英語の -er という接辞は外項を指す (-er が外項と同一指標をもつ)ので，道具の場合は，動作に直接的に関与する道具だけが -er 名詞であらわされる (⇒ 2.2.1 (17), (18))．道具をあらわす動詞由来複合語でも，同じ制約が見られる（can opener vs. *meat eater (fork を指す意味で不可)）．これに対して，日本語の複合語には接辞がないので，このような外項との同一指標はないと考えられる．そのために，次のような例が可能になると思われる．

(49) 湯飲み(茶を飲むための椀)，姿見(全身を見る鏡)，風見(風向を見るための道具)

これらは動作に直接関与しない道具なので，対応する英語の複合語は道具

の意味をもたず，たとえば tea-drinker は「湯飲み」(cup)をあらわすことができない．日本語の(48b), (49)の例は，外項を指すのではなく，行為に密接に関わる概念としての「行為者，道具」をあらわしていると考えられる．

このように，接辞によって意味を特定されない日本語の「内項＋動詞」複合語では，(48)以外の概念の名前として，次のようなものも存在する．

(50) a. 産物： 梅干し，もつ焼き，人相書き，野菜いため
　　　b. 場所： 船溜まり，物干し，車寄せ，車止め
　　　c. 時間： 夜明け，日暮れ，夜更け

しかし，これらのタイプの複合語は，それほど数多く見られるわけではない．ある行為の名前に結びつけられる概念としては，行為と行為者がいちばん意味の透明性が高く，生産的である．たとえば，電車の中で「冷房を入れますので窓閉めにご協力ください」というアナウンスが流れるのを聞いたら，それは「窓を閉めること」だとすぐに理解されるだろう．このような例は日常的に見聞きすることができる．

さて，ここまでは，項構造の< >内の要素のあらわれ方を見てきたが，その外側の要素はどうであろうか．外項は，次の例に示すように自動詞・他動詞のどちらの場合も，複合語にあらわれることができない．

(51) a. 項構造： x< >
　　　　　　　*girl swimming, *dog barking, *baby-sleeping, *student-talking
　　　b. 項構造： x<y>
　　　　　　　*kid-devouring, *teacher-scolding, *goverment-supporting

この事実から，動詞由来複合語は「動詞句内の要素から成る」，「主語を含まない」という一般化がなされてきた(Selkirk 1982)．しかし，ここで非対格動詞の主語が問題になってくる．2.1節で概観したように，非対格動詞は内項のみをもち，その内項が統語構造で主語としてあらわれる．したがって，動詞由来複合語を項構造のレベルでとらえると，非対格動詞と内

項が複合語を作るという予測をする．(51a)はすべて非能格動詞の例であったが，非対格主語である内項を含む動詞由来複合語も，すべて非文法的である．

(52) 項構造: ＜y＞
*earth quaking, *rain falling, *heart failing, *population growing

この事実は，項構造による一般化に反しているように見える．

しかし，考察の範囲を広げてみると，実は，内項主語を含む複合語は，一般に可能であるということがわかる．英語の歴史をさかのぼってみると，古英語や中英語においては，(52)に対応する現在分詞を伴った複合語表現が可能であったし，オランダ語においてもこれらが可能であることがわかっている (Kageyama 1985)．また，次に示すように日本語の主語を含む複合語の例を見てみると，意志をもつ主体，つまり外項は複合しない ((53a)) のに対して，無生物主語や非対格動詞には複合語の例が見られ ((53b))，その容認性の差は明らかである．(反例のように見える「カエル泳ぎ」などは，主語ではなく，様態副詞との複合(カエルのように泳ぐ)である．)

(53) a. ＊鳥鳴き，＊人走り，＊子さわぎ，＊犬ほえ
 b. 地鳴り，人死に，胸さわぎ，雪どけ，胸やけ，ガスもれ，雨ふり，地くずれ，耳鳴り，地すべり，日照り

さらに，現代英語でも，動詞が転換名詞または -ing 以外の接辞をもつ派生名詞の場合は，内項主語との複合が可能である．

(54) earth quake, rain fall, heart failure, population growth

したがって，(52)の例の非文法性は，現代英語の -ing 形を含む複合語に特有の現象であると考えられるのである．

それでは，なぜ現代英語においてのみ，(52)のような複合語が容認されなくなってしまったのであろうか．統語構造に基づく説明としては，古英語では語順が比較的自由であった点が関連しているという考え方がある

（詳細は Kageyama（1985）参照）．また別の考え方として，-ing という接辞の意味に注目することも可能である．他動詞の内項と動詞の -ing 形から成る複合語は，行為（dish washing）または性質（fun-loving）をあらわすのに対して，内項主語と非対格動詞があらわすのは，自然現象や生理現象などの出来事である．しかし，-ing 形による名詞化が現象をあらわすことは，次の例に見られるように，むずかしいようである（対応する派生名詞は可）．

(55) a. ?the arriving of the train　　　（Grimshaw 1990, 122）
　　　　（cf. the arrival of the train）
　　b. *The growing of the third world population is a serious problem.
　　　　（cf. The growth of ...）
　　c. *A changing of this dreadful weather would be nice.
　　　　（cf. A change of ...）

また OED によると，この種の非対格動詞の -ing 名詞化は 19 世紀までの文献に多く，現代では少ない傾向が見られる．したがって，かつては純粋に名詞化接辞として機能していた -ing という接辞が，プロセスや行為を指す接辞として意味を限定してきたという可能性がうかがえる．つまり，現在の英語において現象を指す名詞としては，転換名詞や他の接辞 (-al, -th, -ure など）がその機能を果たしているために，(52) と (54) のような対立が見られるようになった，という考え方ができるかもしれない．

なお，(54) のような例も含めて，主要部の接辞を限定せずに動詞由来複合語を幅広くとらえるという考え方もあるが（Kiparsky（1982）など），そうすると，項構造による制約では許されないはずの外項を含む複合語 (dog bite, bee sting (Grimshaw 1990), student evaluation など）が含まれてしまうので，動詞由来複合語本来の規則性が見えにくくなってしまうという問題が起こる．したがって，(54) については，$[earth]_N [quake]_N$ という形の，語根複合語（root compound）と考えたほうがよいと思われる．

英語に見られる内項主語の複合語からの排除は，ここで述べた可能性も含めた何らかの要因による特殊な現象で，この事実によって動詞由来複合

語の項構造に基づく分析が否定されるものではないと言える．ここで概観してきたように，英語の動詞由来複合語にかかる制限やその解釈は，主要部に含まれる動詞の項構造に基づいて説明することができるのである．

2.3 意味的語彙表示レベルと語形成

2.3.1 語彙概念構造に基づく派生動詞の形成

2.2 節では動詞の項構造に言及する語形成を見てきたが，語彙概念構造（LCS）に言及する分析が適当であると考えられる語形成も存在する．最初に，LCS のテンプレートに定項(具体的な概念)が導入されると考えることで，派生語の解釈が説明できる例を取り上げる．

まず，句レベルにおける LCS への定項の導入を見ておこう．動詞の項は LCS 上で変項になっているが，句レベルでは，次に示すように直接内項（BE AT の主語項 (y)）の位置に目的語の名詞にあたる定項(太字)が挿入されて，動詞句の解釈が得られる．

(56) a. break: [[x ACT-ON y]CAUSE [BECOME [y BE AT [BROKEN]]]]
b. break a vase: [[x ACT-ON **VASE**] CAUSE [BECOME [**VASE** BE AT [BROKEN]]]]

語形成のレベルで，これと同じように LCS の項が挿入されていると分析できる現象に，接尾辞 -ize の付加がある．-ize は名詞または形容詞から，「～にする(になる)」という意味の状態変化動詞を作る働きをする（to *modernize* the system など）．項構造レベルで見ると，-ize 付加は外項を導入する他動詞化であり，普通の自動詞と他動詞の交替（The vase broke. / I broke the vase.）と基本的に同じ操作だととらえることもできる: modern < y > → modernize x < y >（Williams 1981a）．しかし，動詞の自他交替は，状態変化と使役変化という意味の対応が明らかであるのに対して，基体語と -ize 動詞の意味関係は一定ではない．たとえば，capitalize には「資本化する」，「資本を注入する」という異なる解釈が存在するし，hospitalize は「病院に入れる(入院させる)」という意味をもつ．さらに，形容

詞は 1 項述語と考えるにしても，基体が名詞の場合，その項構造をどう想定するかは議論の分かれるところである（Grimshaw (1990) など）．

このような問題は，LCS を用いた分析を使って回避できる．つまり，-ize は単に動詞を派生するだけでなく，それ自体が限られた数の特定のLCS をもっているとする．そして，-ize が付加する際に，そのうちの 1 つの LCS の特定の位置に，基体の名詞や形容詞が定項として導入されると考えるのである（Lieber 1998; Plag 1998）．その観点から，ここでは -ize 動詞の意味の違いは，-ize がもつ次の 4 種類の LCS のテンプレートによってとらえることが可能になると考える．

(57) a. 「〜にする（なる）」((N) unionize, weaponize, itemize, robotize; (A) civilize, randomize, urbanize, normalize, naturalize)
[[x ACT-ON y] CAUSE [BECOME [y BE AT [$_{STATE}$ **N / A**]]]]
b. 「〜を加える」(carbonize, moisturize, energize, capitalize, computerize, accessorize, dieselize, transistorize)
[[x ACT-ON y] CAUSE [BECOME [y BE AT [WITH **N**]]]]
c. 「〜に入れる」(anthologize, hospitalize, palletize, containerize)
[[x ACT-ON y] CAUSE [BECOME [y BE AT [$_{LOC}$ IN **N**]]]]
d. 「〜にふるまう」(burglarize, parasitize, cannibalize, symbolize)
[x ACT(-ON y) [LIKE [**N**]]]

-ize が特定の基体語に付加する際に，(57a–d) のどの LCS が用いられるかは，基体語の品詞および意味特徴による．まず，基体語によって変化の結果状態が特定されると，(57a) のような使役・状態変化動詞が作られる．(57a) では AT の項には名詞と形容詞が入ることができるが，これは結果状態が名詞 (union-ize「連合組織化」) のみならず形容詞 (urban-ize「市街化」) によってもあらわされることに対応している．また，(57b) と (57c) は基本的に (57a) と同じ構造であるが，LCS で特定の意味関係をあらわ

す前置詞（WITH, IN）が指定され，それに合致する意味特徴をもつ名詞のみが選択される．物質をあらわす名詞概念は (57b) WITH の後に挿入され (carbonize「炭酸を加える」)，場所をあらわす名詞は (57c) IN に選択される (hospitalize「病院に入れる」)．さらに特定の様態を示す名詞は (57d) に示したように，「～としてふるまう」という意味の動詞になる (burglar「盗人」→ burglarize「盗みをはたらく」)．このように，細部が異なる LCS テンプレートを指定することで，品詞の違いや名詞の性質の違いに基づく -ize 動詞の意味の多様性がとらえられる．

　さて，生産性という点で見ると，(57a-d) はかなり異なっている．(57a) は用例も多く，特に -an, -al で終わる形容詞にはほぼ規則的に付加するし (Americanize, conceptualize)，固有名詞などを含んだ新語を新聞・雑誌記事などで見ることも多い (Balkanize, Reaganize, Hollywoodize)．また，このクラスの -ize 動詞は，対象の内在的性質によって変化が起こることが可能な場合には，自動詞としても使われる (The cook caramelized the sugar. / The sugar caramelized. (Levin and Rappapport Hovav 1995))．これは，(57a) の LCS テンプレートが，break などの自他交替を示す使役・状態変化動詞のものであるためと考えられ，自動詞の場合の LCS は [BECOME [y BE AT [**N / A**]]] となる．

　(57b) は用例は少なくはないが，(57a) ほど生産的ではなく，自動詞としてはあまり使われない (Lieber 1998)．(57c) は自動詞としてはまったく使われない (hospitalize は日本語の「入院」とは異なり，他動詞のみ (*The patient hospitalized.))．(57d) は，動詞の自他は語彙的に決まっていて，いずれも動作主が主語になる (They economized on the fuel. / They burglarized the building.)．このパターンはかなり生産性が低く，意味の予測がむずかしいものが多い (cannibal「人食い人種」→ cannibalize「機械の部品を取って他の機械の修理に使う」)．さらに，-ize 動詞には，(57a-d) のテンプレートが明らかではない形で語彙化したものも存在する．たとえば pasteurize (「(牛乳を)低温滅菌する」) という動詞は，もともとは細菌学者パスツール (Pasteur) から派生しているが，現在はそれは意識されていないだろう．

このように，-ize が派生する動詞はその LCS の種類によって生産性と透明性が異なり，それには，基体語の意味特徴を中心とする語彙的・語用論的要因が大きく関与していると考えられるのである．

以上見てきたように -ize 動詞はさまざまな意味をもつが，その多義性は無秩序ではない．-ize の LCS はすべて［x ACT］を含み，使役変化((57a))，使役移動((57b, c))，活動((57d))という，外項をもつ動詞の主要な LCS のテンプレートと合致する．そしてすでに述べたように，その中でも使役変化動詞((57a))の派生が，-ize の中核的な機能であると考えられる．このように，-ize 付加を LCS への基体語の挿入と分析することによって，-ize のもつ中心的な意味特徴とその多様性の両面をとらえることができるのである．

次に，名詞から転換(conversion)によって動詞を作る語形成を見よう．たとえば，soap（石鹸）という名詞が，そのまま soap one's body というように「石鹸をつける」という動詞に転用される現象である．このように，接辞をつけずに名詞を動詞に転換できるのは，英語の動詞には形態的な制約が特にないからだと考えられる．日本語では「名詞＋る」の五段活用動詞が皆無ではないが(曇る，野次る，皮肉る，など)，数が非常に少ないうえに，造語的なひびきが強く，使える場面が限られるものが多い(メモる，愚痴る，事故る，ドジる，サボる，ハモる)．それに対して，英語の名詞転換動詞(denominal verb)は，数も多く，-ize よりもさらに多様な解釈をもつ．

(58) a. John *salted* the fish. （塩をつける：つける対象）
 bug, button, butter, fence, seed, staff, blanket, arm, tar
 b. Betty *boxed* the dishes. （箱に入れる：場所）
 cage, jail, bank, ground, center, shelve, bottle, can, dock
 c. Tom *chauffeured* us to the theater. （運転手のようにふるまう：様態）
 boss, butcher, nurse, doctor, police, mother, captain, pilot, host
 d. Kate *powdered* the aspirin. （粉にする：結果状態）

loop / knot / coil (the string), pile, bundle, group
e. Harry *mopped* the floor. （モップで拭く：道具）
spear, fork, hammer, bomb, axe, knife, rake, broom
f. Mary *dusted* the piano. （ほこりを取り去る：除く対象）
skin, bone, peel, milk, scale, core, weed, worm, hull

この多様な意味も，-ize の場合と同様に LCS への基体名詞の挿入を想定することで，とらえることができる（Kageyama 1997）．

(59) a. 付加対象：[[x ACT-ON y] CAUSE [BECOME [y BE AT [WITH **SALT**]]]]
b. 場所：[[x ACT-ON y] CAUSE [BECOME [y BE AT [IN **BOX**]]]]
c. 様態：[x ACT(-ON y) [LIKE [**CHAUFFEUR**]]]
d. 結果：[[x ACT-ON y] CAUSE [BECOME [y BE AT [$_{STATE}$ **POWDER**]]]]
e. 道具：[x ACT-ON y BY-MEANS-OF [**MOP**]]
f. 除去対象：[[x ACT-ON y] CAUSE [BECOME [y BE NOT AT [WITH **DUST**]]]]

(59a–d) は -ize と共通の LCS であるが，結果状態が挿入される (59d) は，生産性の点で，-ize 付加と対照的である．-ize では同じ構造 (57a) がもっとも基本的な接辞の意味(使役と状態変化)をあらわしていて，特に形容詞に関しては生産性が高いことを上で述べた．これは，結果状態は特徴（property）なので，名詞よりも形容詞によってあらわされるものだからと言える．したがって，(58d) のような名詞転換動詞の例が少ないことも，(59d) は，形容詞が入るのが典型的な LCS であるということから説明できる．実際に，名詞ではなく形容詞から転換 ((60a)) や接辞付加 ((60b)) によって派生した動詞は例も多く，使役変化・状態変化をあらわす．

(60) a. cool, brown, empty, mature, narrow, pale, slow, blind, smooth, tame

b. shorten, blacken, whiten, darken, deepen, sweeten, soften, thicken

　このように，LCS で語形成を分析すると，接辞が複数の品詞につくという現象が，意味概念と品詞の結びつきから説明され，さらに個々の品詞による生産性の違いという点も，自然に理解できるのである．

　さて，名詞転換動詞がなぜ (59a–f) のような多様な意味をあらわすことができるのか，という疑問が起こる．名詞転換動詞が広い用法をもつことを調べた Clark and Clark (1979) は，その名詞のあらわす物体が関与する典型的場面についての一般的な知識が，話し手と聞き手の間に共有されているからであるとしている．つまり，入れ物をあらわす名詞 (box) が転換した動詞は「～に入れる」という意味をもつし，掃除の道具 (mop) からの動詞は「～で掃除する」という意味になる．dust は取り去るものであるから，「～を除去する」という意味で使われることが多いが，逆に「～をつける」という意味で dust (the cake) with sugar (Adams 2001, 23) のように使うこともできる．このような日常的な知識に基づく解釈は，これまで意味論としての定式化ではなく，語用論の領域でとらえられることが多かった．

　しかし，2.1 節で紹介したように，Pustejovsky (1995) は，従来は「一般知識」として語彙情報に明記することのなかった，物体の使われ方，作られ方などを，「特質構造」(Qualia Structure) という語彙表示に記すことを提案している．その考え方を使うと，たとえば mop の特質構造には，目的役割(その物体の典型的な使われ方)として「x clean y with (mop)」という情報が入っていることになり，それがまさに動詞として使われるときの意味となる．すなわち，動詞に転換された名詞は，その目的役割に含まれる動詞として使われるという一般化ができる．道具以外にも，対象，場所，様態，除去物なども，多くが目的役割によっているか，そこからの推量と考えることができる．

(61)　a.　mop:［形式役割 = (z), 目的役割 = x clean y with z］
　　　b.　salt:［形式役割 = (z), 目的役割 = x season food with z］

c. box:［形式役割 = container (z), 目的役割 = x put y in z］
　　　d. chauffeur:［形式役割 = human (x), 目的役割 = x drive y to (place)］
　　　e. dust:［形式役割 = powdery (y), 目的役割 = x remove y from (furniture, etc.)］

さらに，上にあげた dust のもう 1 つの動詞用法 (dust the cake with sugar) は，(61e) の形式役割によって，砂糖の状態を比喩的にあらわしていると考えられる (比喩的な解釈については Kageyama (1997) も参照)．このように，一見無秩序にすら見える名詞転換動詞のさまざまな用法の多くは，LCS の特定位置への名詞の挿入としてとらえることができるが，LCS のどの位置へ挿入され，その結果，動詞がどういう意味をもつかは，名詞のさらに詳細な語彙情報 (特質構造) から説明できる．

　以上，LCS への定項の導入としてとらえることで，派生動詞のふるまいや意味を説明できることを見てきた．これに対して，Hale and Keyser (1993, 1997) は名詞転換動詞の意味や用法の制限について，純粋に統語論的な説明が可能であるとしている．ここで詳細に立ち入ることはできないが，名詞が挿入されるのは LCS ではなく，語彙的統語構造 (l-syntax) であり，名詞転換動詞の派生はレキシコンのレベルで働く統語規則だという考え方である．Hale and Keyser は，これによって統語構造をつかさどる一般原理のもとに，名詞の移動できる位置や派生される動詞の自他が説明できると主張する．たとえば，間接目的語の位置にある名詞は移動できないという統語的制約 (*Who did she send *t* the book?) から，*church the money (= give church the money) とは言えないと説明するのである．この統語的分析に対して，Kiparsky (1997) と Kageyama (1997) は，統語構造への制約という考え方に反対し，多くの反例をあげて，名詞転換動詞の分析には語彙化と意味に関する原理が必要であると主張している．

　Hale and Keyser (1993, 1997) による語彙的統語構造を使った分析は，本書でしばしば問題にしてきた規則性や生産性の観点からも，問題がある．繰り返し述べてきたように，意味的な透明性が高い語形成ほど，生産性が高いという一般的な傾向が見られる．本節で見てきた -ize や転換に

よる動詞の派生では，動詞の LCS や名詞の特質構造といった語彙的な要因が，派生語の可否や意味解釈に大きく影響を与えている．したがって，語形成としての生産性や透明性は，-ize の一部の用法などを除いて，総じて高いとは言えない．それに対して，言うまでもなく文の派生は完全な生産性と透明性を有する．したがって，名詞転換動詞の派生のような語形成を，文の派生と同じ統語的な原理で導くということにすると，語形成と文の派生との間に見られる規則性や生産性の違いが，何に由来するのかという問題が残ると考えられる．

2.3.2 語彙概念構造と接頭辞付加

2.3.1 節で見たように，-ize という動詞化接辞付加では接尾辞自体が LCS をもっており，そこに基体の意味構造が組み込まれると考えるのが妥当である．これは，接尾辞が主要部の役割を果たしていることと関連していると考えられる（⇒ 1.2）．これに対して接頭辞は，主要部の役割は果たさない．（ただし，例外的に右側主要部規則に従わず，主要部として品詞決定の役割を果たす接頭辞がある．たとえば out- は動詞・名詞・形容詞に付加して動詞を作るという品詞決定の働きをもつ主要部であるが，このような場合は LCS 上の働きも -ize 同様に，接辞自体の LCS を認める必要がある．詳しくは Yumoto (1997) を参照．）非主要部である接頭辞は，それ自体の LCS をもつと分析する根拠もなく，むしろ基体の LCS にさまざまな形での変化をもたらす役割を果たすと考えられる．この節では，そのような接頭辞の例として，否定をあらわす接頭辞 un- が LCS 上でどのような働きをするかを見ることにする．

この接頭辞には，形容詞に付加する例（(62a)）と，動詞に付加する例（(62b)）がある．

(62) a. unhappy, unkind, untrue, unpopular, unlucky, unclear, uneasy
  b. unfold, unfasten, unbend, untie, unfix, unlearn, unpack

(62a) と (62b) は，従来，別の接頭辞として区別して考えられることが

多かった．(62a) は形容詞に付加し，否定の意味をあらわすのに対し，(62b) は動詞に付加し，否定ではなく逆の意味をあらわす (unbutton は「ボタンをとめない」のではなく「ボタンをはずす」の意味であるし，untie は「結ばない」のではなく「ほどく」のである) ため，統一的に扱うべきでないと考えられてきたのである．ところが，Yumoto (1997)，影山・由本 (1997) は，LCS レベルでの分析を採用することによって，この「2つ」の un- に統一的な分析が可能であることを示している．この分析によれば，un- は以下に示すように，LCS 上の状態をあらわす場所関数 AT に，否定の演算子 NOT を付加する．

(63) a. kind: [y AT [KIND]]
 unkind: [y **NOT** AT [KIND]]
 b. bend: [[x ACT ON y] CAUSE [BECOME [y BE AT [BENT]]]]
 unbend: [[x ACT ON y] CAUSE [BECOME [y BE **NOT** AT [BENT]]]]

(63a) では，基体の形容詞自体が状態を示す AT 関数で表記され，un- はその全体に NOT を付加するため，全体の否定の解釈となる．それに対し，(63b) の場合は，状態変化を示す「ある状態であるようになる」という BECOME であらわされる下位事象内の状態・場所を示す AT 関数に，NOT が付加される．bend は「y が曲がった状態になるという事態を x の行為が引き起こす」という意味であるが，これに対して unbend は，「y が曲がった状態でないように変化する事態を x の行為が引き起こす」という意味解釈を与えられることになる．LCS の全体ではなく，下位事象内に NOT を付加することによって，全体としての否定 (「曲げない」) ではなく，結果状態の否定，つまり「逆」の意味 (「のばす」) をもつことがとらえられるのである．このように，動詞の意味を LCS の表示レベルで意味分解することによって，一見異なる「否定」と「逆」の意味を，同じ否定演算子として統一的にとらえることができる．形容詞と動詞に付加する用法を別々のものとして扱っていたのでは，それが un- という同じ形態を

もつことは偶然にすぎないことになる．それに対して，この分析は，これらの用法をなぜ同じ形態素が担うのかという疑問に答えを与えることができる．

また，この LCS 分析には，どのような語に un- を付加できるか予測することができるという利点がある．un- は LCS 上に場所・状態を示す AT 関数をもつ基体に付加し，その AT 関数に NOT を付加するものであるから，その条件に合う語にのみ付加できる．したがって，AT 関数をもたない行為自動詞 (walk, swim など) や働きかけの他動詞 (push, hit など) に un- が付加できないこと (*unwalk, *unpush) が，正しく予測できる．

次に，un- 付加によってできる動詞がどのような補部を取るかについて，この分析がどのような予測をできるかを見てみよう．(64a) のように基体の動詞が着点を取る場合，対応する un-動詞は起点を取るが，基体動詞が直接内項のみを取る単純他動詞の場合は，un-動詞も単純他動詞である ((64b))．

(64)　a.　fasten the rope to a pole / unfasten the rope from a pole
　　　b.　bend a pipe (*to a pole) / unbend a pipe (*from a pole)

fasten / unfasten の場合は，y 項の状態変化ではなく位置変化ととらえることができ，場所を示す z 項が間接項の前置詞句として出現すると考えられる．

(65)　a.　fasten: [[x ACT-ON y] CAUSE [BECOME [y BE AT [$_{LOC}$ ON z]]]]
　　　b.　unfasten: [[x ACT-ON y] CAUSE [BECOME [y BE **NOT** AT [$_{LOC}$ ON z]]]]

したがって，BECOME 関数に埋め込まれた NOT AT は意味的に「起点」にあたり，from を主要部とする PP の間接内項として具現化されるという対応づけの規則を仮定しておけば (影山・由本 1997, 61)，(64a) のようなデータもこの LCS 分析で処理することができる．一方，(64b) の場合は (63) に示したように AT の項が定項であるため，bend / unbend の

いずれも間接内項は取らない．また，to 句を取る形容詞に un- が付加しても，from 句に変化することはない．

(66) a. be equal to the job [x BE AT [EQUAL TO y]]
b. be unequal to / *from the job [x BE **NOT** AT [EQUAL TO y]]

この場合，NOT は equal の LCS 全体に付加されており，BECOME に埋め込まれているわけではないので，上記の対応づけ規則には合わず，to から from への変化は起こらないと考えられる．

このように，Yumoto (1997) の提案する un- 付加の分析は，LCS という意味分解を用いて初めて可能になる，説明力をもった分析である．以下ではこのような LCS 分析を用いて，名詞に un- が付加しているように見える例を少し詳しく見ていきたい．

un- が基体として名詞を取っているように見える例は，多い．実際，一般的な辞書には un- を，(i) 形容詞について否定の意味をあらわす，(ii) 動詞について逆の意味をあらわす，(iii) 名詞についてそのもの（あるいはそのものの性質）を取り除く意味をあらわす，という 3 つのタイプに分類しているものも多い．この (i) と (ii) が，実は統一的に分析できることを上で見たわけであるが，では (iii) はどうなるだろうか．(iii) にあたるものとしては以下のような例があるが，これは (67b) のような LCS をもつと考えられる．

(67) a. uncork, unveil, unleash, unmask, unfetter, uncrown, unsaddle, unroof
b. uncork: [[x ACT-ON y] CAUSE [BECOME [y BE NOT AT [WITH CORK]]]]

もし，uncork が，cork という名詞に un- が付加されると分析するなら，(67b) の LCS のテンプレートは，un- という接頭辞がもつことになる．cork という名詞が，CAUSE, BECOME といった述語をもつ LCS をもっているとは考えられないからである．そのような分析では，この un- は

(63) の un- とは異なり，接頭辞でありながら例外的に品詞を変化させ，LCS テンプレートをもつ主要部の働きをすると考えることになる．しかし，un- が付加される名詞を見ると，そのような扱いをする必要はないことがわかる．基体の名詞が転換によって動詞となる (cork = コルク栓をする，veil = ヴェールでおおう) と考えられるからである．2.3.1 節の (59) で見たように，これらの転換動詞は (68) のような LCS をもっており，この AT 関数に NOT を付加することで (67b) の LCS が導かれる．つまり，(67) にも (63b) と同じ分析が可能である．

(68) cork: [[x ACT-ON y] CAUSE [BECOME [y BE AT [WITH CORK]]]]

　名詞転換動詞は，かなり自由に un- の付加を許すが，すべてが容認されるわけではない．(69a, b) は，Clark and Clark (1979) で同じ「道具動詞」として分類されているものであるが，(70a) では un- 付加が自由に行われるが，(70b) の un- 付加は容認されない．

(69) a. chain, staple, peg, nail, pin, tape, glue, screw
　　　b. brush, comb, hammer, mop, broom, towel, sandpaper, shampoo
(70) a. unchain, unstaple, unpeg, unnail, unpin, untape, unglue, unscrew
　　　b. *unbrush, *uncomb, *unhammer, *unmop, *unbroom, *untowel, *unsandpaper, *unshampoo

これは，同じ「道具」と言っても，基体の名詞が転換動詞の LCS 上で果たす役割が異なり，そのため転換動詞のもつ LCS も異なるからであると考えられる．(69a) では (67) と同様に，基体名詞のあらわすもの (e.g. chain) は y の状態変化をもたらす物材 (Locatum) の役割を果たすのに対し，(69b) ではそのような働きをもたない．

(71) a. chain: [[x ACT-ON y] CAUSE [BECOME [y BE AT [WITH CHAIN]]]]

b. unchain: [[x ACT-ON y] CAUSE [BECOME [y BE **NOT** AT [WITH CHAIN]]]]
c. brush: [[x ACT-ON y] BY-MEANS-OF BRUSH]

したがって，(71c) の LCS では，un-接辞を付加しようにも NOT を付加すべき AT 関数がないので，(70b) は容認できない，と説明できる．

ただし，(69a) の転換動詞が「道具」と分類されたのには，もちろん理由がある．(68)，(71a) の LCS では，chain や cork をどちらも y の状態変化に関与する物材と分析しているわけであるが，Clark and Clark (1979) が道具と分類した (69a) のタイプの動詞には，(71a) の LCS をもつ (72a) の用法のほかに，(72b) のような用法がある．これは，(72c) に示したように，Clark and Clark が物材付加の対象と分類した cork, crown などにはない用法である．

(72) a. chain a dog, tape someone's mouth
b. chain a man to the bedstead, tape a note to the door
c. *cork a bottle to the rack, *crown a king to the throne

(72b) は fasten と同様の意味であると考えられるが，この場合，いわば chain / tape の基本の意味 (71a) のあらわす行為が，手段となっている．つまり，fasten 型の位置変化の LCS (65a) に，chain / tape の基本の意味の LCS (71a) が手段をあらわす下位節として付け加えられた，(73a) のような LCS を想定することができる．「y が鎖をもつ状態にすることによって，y を z の位置に固定する」という解釈である．(このように，LCS レベルで基本的な意味構造を下位節として付加することによって，その動詞の第二の意味を扱う分析については，Rappaport and Levin (1988)，Levin and Rapoport (1988) などを参照．)

(73) a. chain: [[x ACT-ON y] CAUSE [BECOME [y BE AT [$_{LOC}$ ON z]]] BY-MEANS-OF [[x ACT-ON y] CAUSE [BECOME [y BE AT [WITH CHAIN]]]]
b. unchain: [[x ACT-ON y] CAUSE [BECOME [y BE **NOT** AT [$_{LOC}$ ON z]]] BY-MEANS-OF [[x ACT-ON y] CAUSE

[BECOME [y BE **NOT** AT [WITH **CHAIN**]]]]

un- の付加は AT 関数に NOT を挿入するが，この場合，(73b) に示したように，2 カ所の AT に同時に NOT を挿入することで，正しい解釈(y が鎖をもたない状態にすることによって，y が z から離れた状態にする)が得られる．(74) に示すように，un- は (72a, b) どちらの用法にも付加できる．また，(72b) に対応する場合は unfasten の例 (64) と同じように from 句を取るが，これも (73) の LCS 分析で予測されることである．

(74) a. unchain a dog, untape someone's mouth
 b. unchain a man from the bedstead, untape a note from the door

(67), (69a) 以外に，比較的自由に un- の付加を許す転換動詞のグループに，2. 3. 1 節で見た「結果」((59d)) および「場所」((59b)) をあらわすものがある．

(75) a. coil the rope / uncoil the rope
 unloop, unknot, unbraid, unpile, unbundle
 b. cage a bird / uncage a bird
 uncase, uncoffin, unbottle, unpen, unhouse

基体名詞は，(75a) では結果状態を示し(コイル状にする，輪にする，結び目のある状態にする，など)，(75b) では移動先の場所・容器をあらわす(かごに入れる，ケースに入れる，など)．したがって，(75a) の動詞の LCS は結果状態を示す AT 関数を，(75b) の動詞の LCS は場所をあらわす AT 関数をもつので，un- を付加することが許される．

(76) a. coil: [[x ACT-ON y] CAUSE [BECOME [y BE AT [$_{STATE}$ COIL]]]]
 uncoil: [[x ACT-ON y] CAUSE [BECOME [y BE **NOT** AT [$_{STATE}$ COIL]]]]
 b. cage: [[x ACT-ON y] CAUSE [BECOME [y BE AT [$_{LOC}$ IN **CAGE**]]]]

uncage: [[x ACT-ON y] CAUSE [BECOME [y BE **NOT** AT [_LOC_ IN **CAGE**]]]]

　これに対し，(59c) の「様態」をあらわす butcher the cow, jockey the horse などは，基体名詞はふるまいの様態をあらわしており，転換動詞は働きかけの動詞なので，その LCS には AT 関数がない ([x ACT-ON y [LIKE **BUTCHER**]])．したがって，un- は付加できないことが予測されるが，実際これらの動詞は un- を受け付けない (*unbutcher, *unjockey)．このように，転換動詞の LCS から un- 付加の可能性が予測できる．

　ただし，LCS に AT 関数をもつというのは，un- 付加の必要条件であって，十分条件ではない．条件を満たしていても，実際には un- が付加されない例も多い．たとえば，すでに見たように bend, fold など多くの状態変化動詞が un-動詞になるが，同じ状態変化でも un- が付加できない例もある (*unbreak a vase, *uncut a cake, *unburn paper, *unfell a tree)．このような事実には，基体動詞があらわす状態変化が復元可能なものであるかどうかが関わっていると考えられる．曲げた針金は容易に元に戻すことができるが，一度壊した花瓶は元には戻らないという，語用論的な知識が関与しているのである．

　また，作成動詞は達成動詞の一種として AT 関数をもつ (e.g. build: [[x ACT] CAUSE [BECOME [y BE AT [IN **WORLD**]]]]: ⇒ 2.1) にもかかわらず，un- 付加のできないものが多いが (*uncook a dinner, *unbake a cake, *unpublish a book)，これも同じ理由によると思われる．ただし，unbuild (取り壊す) や uncreate (消滅させる) は用いられるようであるし，文脈を整えれば Nuclear weapons cannot be uninvented. (*OED*) のような文も可能である．基体名詞が物材付加の対象をあらわす転換動詞の多くが，un- 付加が可能であること ((67)) も見たとおりであるが，ここでもやはり un-動詞が存在しない例もあり (*unpepper the fish, *unbutter toast, *unsugar coffee, *unpoison a patient)，これも復元可能性という語用論的な観点から説明できると思われる．

　また，un- が BE AT を主述語とする状態述語 (⇒ 2.1 (10a)) に付加す

るのは，形容詞の例（(62a)）に限られるようである．exist, remain, know, possess など，BE AT と分析できる動詞には un- は付加しない．なぜこのような品詞による制約がかかるのかは，今後の検討課題である．

un- は，否定的な意味をもつ形容詞には付加できないと言われている（e.g. *undirty (cf. unclean), *ungraceless (cf. ungraceful)）．このような事実も，LCS 分析からは予測できないことであり，LCS に加えてさらに別の観点からの意味的制約も加わっていることになる．

さらに，語用論的・意味論的説明のできない語彙的なギャップも存在する（#unconstruct (cf. unbuild), #unattach (cf. unfasten), #unjam (cf. unblock)）．このように，LCS からだけでは説明できないギャップが存在するのは，語彙的意味レベルの語形成の大きな特徴である．

この節では，意味変化を引き起こす接頭辞の例として un- 付加を検討した．un- 付加は，LCS 上の特定の位置に NOT を挿入する操作であると分析することにより，形容詞・動詞・名詞転換動詞に付加される例が統一的に説明できることを見てきた．un- という接頭辞はかなり高い生産性をもち，複合語を含めて（e.g. un-self-sufficient）多くの語につくレベル II の接辞（⇒ 1.5）である．また，un- 付加が引き起こす意味変化は，透明な規則性をもつものである．しかし，上で見たように，un- 付加の可否は語用論的な知識や文脈に依存し，また説明できない語彙的ギャップがある．これは項構造レベルでの接辞付加には見られない現象であり，語彙的意味レベルで扱われる語形成に共通の特徴であると言える．

2.4 ま と め

この章では，項構造が関与している語形成と，LCS レベルで分析できる語形成とを見てきた．項構造レベルでの分析については，派生語が基体の項構造を統語構造に投射する場合 (of 句を伴う -er 名詞: saver of lives) と，語内に投射する場合(動詞由来複合語: pasta-eating，複合語タイプの -er 名詞: story-teller) とがあり，この 2 タイプの相違が事象解釈の有無（出来事の発生を前提とするか否か）に反映されることを見た．また，-er 名詞は外項をもつ動詞，分詞形容詞は内項をもつ動詞を，それぞれ基体と

し，さらに動詞由来複合語では内項が必ず語内に投射される，というように，語形成が基体の項構造によって制約される現象があることも見てきた．

　項構造に言及する語形成は，高い規則性をもつという特徴を共有する．項構造は，動詞とその項との文法関係を規定する表示レベルであり，これに言及することによって形成される派生語・複合語は，必然的にその文法関係の規則性を引き継ぐことになるからである．その点で，これらの語形成は，2.3 節で見た語彙的意味レベルの語形成（名詞転換動詞，-ize や un- の接辞付加）が，基体の特質構造などの語彙情報や特定の LCS テンプレートを選択するのと対照的である．語彙的意味表示としての LCS や特質構造は，項構造とは異なり，各語彙項目の意味に基づいた細かな指定をする．LCS のテンプレートには，ある程度の規則性があると考えられるが，LCS の定項や特質構造などは，個々の語彙項目に特有の性質をあらわす語彙性の強いものである．その結果，語彙的意味レベルの語形成は，「名づけ」機能を満たすための語用論的条件に従うのはもちろんのこと，説明のできない語彙的ギャップも多く，規則性・生産性ともに，項構造に言及するものよりも低いと考えられるのである．

第 3 章 複数のレベルにまたがる語形成

　ここまで見てきたように，語形成は語彙的統語表示のレベルで扱うのが適切であるタイプのものと，語彙的意味表示のレベルで扱うのが適切なものとがある．この章では，名詞化や概念の合成という同じ機能をもつ語形成でありながら，複数のレベルにまたがり，異なる性質をもつ例を見ていきたい．

3.1　英語の名詞化

3.1.1　さまざまな名詞化

　動詞を名詞的な表現に変える手段として，英語には語レベルでの名詞化と句レベルでの動名詞とがある．この節では，語形成としての語レベルの名詞化を扱うが，その前にまず，動名詞との区別を見ておきたい．動名詞は，文の主語や動詞・前置詞の目的語になる (e.g. I hate driving this car.) という点で名詞句のふるまいをするが，内部的には動詞句の性質をもつ．

（1）　a.　his / the rapid drawing *(of) the picture
　　　b.　his / *the drawing the picture rapidly

(1a) が名詞化，(1b) が動名詞である．動名詞は a / the / this などの冠詞や指示詞と共起できず，目的語を名詞句として取り，副詞の修飾を受ける．これらは統語的に，名詞ではなく動詞のふるまいである．それに対して (1a) の名詞化は，冠詞や指示詞と共起し，内項を取る場合には名詞句ではなく of 句として取り，形容詞の修飾を受けるという点で，統語的に名詞のふるまいを見せる．同じ -ing の接辞を用いながら，動名詞 (1b) は，

語レベルで品詞を変化させる語形成ではなく，動詞句を名詞句に変える統語的な手段であると考えられるのに対し，名詞化 (1a) は，語レベルで動詞を名詞に変える語形成プロセスである．

動詞から名詞を作る英語の派生接辞には，-ing のほか，-(at)ion (e.g. relaxation), -ment (e.g. development), -ance (e.g. allowance), -al (e.g. arrival), -age (e.g. coverage) などがあり，また転換 (conversion) による派生名詞（e.g. use）も存在する．従来，このような動詞由来名詞は，基体動詞のあらわす行為の結果として作られる産物などの具体物を指す結果名詞（result nominal）(e.g. 建築物を指す building，出版物を指す publication など）と，基体動詞のあらわす事象 (event) を指す過程名詞 (process nominal) (e.g. 到着することをあらわす arrival，建築する行為をあらわす construction など）という，2つの異なるタイプがあると考えられてきた．しかし，事象をあらわす名詞の中にも，項構造をもち，より動詞に近い性質を示す「複雑事象名詞」(complex event nominal) と，項構造をもたず，統語的にはむしろ結果名詞に近い性質を示す「単純事象名詞」(simple event nominal) との区別があることが，Grimshaw (1990) によって指摘されている．さらに，項構造をもつ複雑事象名詞でも，-ing による名詞化とそれ以外の接辞による名詞化とでは，ふるまいに相違が見られる．

多くの名詞化接辞は，結果名詞にも，単純事象名詞にも，また複雑事象名詞にもなるという多様性をもつ (Grimshaw 1990).

(2) a. The examination was difficult. （結果名詞）
 b. The examination took a long time. （単純事象名詞）
 c. The examination of the patients took a long time. （複雑事象名詞）

つまり，接辞の区別とは独立に，複数のレベルにまたがる異なる性質をもつ名詞化過程が存在すると考えられる．以下，3.1節では英語における動詞の名詞化について，項構造とLCS，規則派生とレキシコンという，異なるレベルでの分析によって，さまざまな言語事実が説明されることを見

ていきたい．

3.1.2　複雑事象名詞と項構造

　まず，項構造の有無によって，複雑事象名詞と，それ以外の名詞（単純事象名詞・結果名詞）が区別されることを見ていきたい．(2) に示したように，同一の名詞化接辞がさまざまな名詞化過程に関与する例が多い．これに対して，Grimshaw (1990) も指摘するように，-ing という接辞は，結果名詞となるいくつかの語彙化した例 (e.g. building, writing (著作物), happening など) を除いて，複雑事象名詞のみを作るという性質がある．また，後述のように，複雑事象名詞は，frequent, constant といった複数回数の出来事を含意する修飾を受けても，単数で用いられる不可算名詞であるという性質をもつ．これに対して単純事象名詞は，このような修飾を受ける場合は複数形となる．そこで，この節の複雑事象名詞についての考察では，単純事象名詞と区別するために，-ing 名詞の例，および，frequent / constant を伴う単数名詞を中心に検討することにする．また，単純事象名詞の例としては，可算名詞であることがわかる用法（不定冠詞 a / an を伴うもの，および複数形）を中心に検討する．

　名詞が項構造をもつというのは，どういうことだろうか．もちろん，desk や book のような具体物を指す名詞が，動詞同様の項構造をもつとは考えにくい．このような名詞が項を取るという考え方に意味があるとすれば，それは This is a book. のように，名詞が述語として使われた際の主語項のみであろう．このような名詞の主語項はその名詞が指すものなので，"referential" の頭文字を取って R と呼ばれることもある．book には，それを書いた人や読む人といった「関係者」を想定することができるが (2.1 節 (12) で見た，特質構造の主体役割や目的役割を参照)，それは，write や read といった動詞が統語的に項として直接目的語を取るというのとは，性質が異なる．同様に，動詞から派生した名詞でも，writings などの結果名詞は項構造をもたないと考えられる．一方，事象をあらわす名詞については，基体動詞同様の項構造をもつと言えるかどうか，議論の余地がある．(3b) に示すように動詞同様に項を取るように見える例

がある一方，(3a) と (3c) の対比が示すように，動詞においては省略できない項が名詞ではあらわれない例があり，同じ項構造とみなしてよいかという疑問が生まれる．

(3) a. They destroyed *(the city).
    b. The destruction of the city took a month.
    c. The destruction was awful to see.

しかし，Grimshaw らが指摘するように，複雑事象名詞においては，項は動詞同様に義務的である．

(4) a. They destroyed *(the city).
    b. the destroying *(of the city)
(5) a. They felled *(trees).
    b. their felling *(of the trees)
(6) a. We constantly assign *(unsolvable problems).
    b. the constant assignment *(of unsolvable problems)
(7) a. We express *(our feelings).
    b. the frequent expression *(of one's feelings)

したがって，複雑事象名詞では，動詞同様の項構造が保持されていると考えられる．これに対し，(3c) のような名詞化は項構造をもっていないと考えられる．これは，出来事をあらわす名詞であっても，動詞から派生されない trip, event といった名詞が項構造をもたないのと，同列に扱うことができる．

項構造をもたない名詞は，基体動詞の項にあたる要素をどのように表現するのだろうか．

(8) a. a discussion on the issue / *They discussed on the issue.
    b. You have to have a good control over your feelings. / *You have to control over your feelings.
    c. the solution to this problem / *They solved to this problem.
    d. the connection between two things / *They connected be-

tween two things.

これらは，事象ではなくモノ(議論の内容，制御する力，解答・解決策，つなぐもの)をあらわす名詞と解釈できるが，いずれも基体動詞の直接項にあたる要素を，前置詞句として表現している．これらの前置詞句は，基体が共起することのできないものであることに注意したい．同様の現象が，事象をあらわす派生名詞にも見られる．

(9) a. discussions on the issue
b. their attacks {on / against} the city / *They attacked {on / against} the city.

discussion は議論の過程を指す解釈が可能であり，attack も出来事を指すが，ここでも基体動詞の取らない前置詞句があらわれている．これらは複数形にできることからもわかるように，項構造をもたない単純事象名詞である．このような例では，意味によって前置詞が決まっていると考えられる．たとえば，(9a) の on は a book on biology のように，考察対象をあらわす前置詞であるし，(9b) の against は against one's will のような against と同じく，反対・対立を示す前置詞である．結果名詞・単純事象名詞は項構造をもたないため，基体動詞の項に対応する要素を表現しようとすると，あくまで意味関係に基づいた修飾という形になるのである (Ito 1991)．もちろん，of 句を伴う結果名詞 (e.g. the translations of the book) や，単純事象名詞 (e.g. their discussions of the issue) も多いが，これは他の前置詞句の場合同様に，前置詞 of が本来もつ意味(対象などの意味をあらわす)による修飾とみなすことができる．

これに対して，複雑事象名詞は，基体動詞の直接内項にあたる要素を of 句で表現し，基体の取らない前置詞句の付加詞 (adjunct, 修飾要素) と共起することはできない．(ただし，後に (24) で見るように，基体の取らない前置詞句を間接内項として取る複雑事象名詞は，少数ながら存在する．)

(10) a. their discussing of / *on the issue

their frequent discussion of / ?*on the issue
- b. the planning and controlling of projects　　　(*OED*)
    *the controlling over your feelings
- c. so-called 'solving of the key currency problem'　(*OED*)
    *the solving to the problem
- d. the connecting of / *between two things
- e. the attacking or overthrow of venerated institutions and cherished beliefs　　　(*OED*)
    *the attacking on / against the city

これは，複雑事象名詞が項構造をもち，内項が of 句として表現されると考えることで説明できる．(8),(9)のような前置詞句が付加詞であるのに対し，(10)の of 句が項であることは，次のように，前置詞句を主要部名詞から切り離すことができるか否かの違いからも裏づけられる．

(11) a. Their attack was on the business district. （付加詞）
　　　 Their discussion was on the issue of environmental problems. （付加詞）
　　b. *Their discussing was of the issue of environmental problems. （項）
　　　 *Their frequent examination was of the patients. （項）

複雑事象名詞が項構造をもつということは，以下のように，複雑事象名詞がいわゆる「受動名詞」の形を取れないことにもあらわれている．単純事象名詞は (12) のように，基体の直接内項にあたるものを所有格名詞であらわす受動名詞になるが，-ing 名詞や constant / frequent で修飾された複雑事象名詞は，(13), (14) に示すように受動名詞になれない (Grimshaw 1990)．

(12) a. the city's destruction (by the enemy)
　　b. the politicians' nominations
(13) a. *the city's destroying (by the enemy)
　　b. *the tree's felling

(14) a. *the city's frequent destruction (by the enemy)
　　 b. *the politician's frequent nomination

受動名詞は，動詞の受動形と異なり，意味的な制約が課されることが知られている．(15a)に示すように，所有格名詞であらわれる名詞句は状態変化を被るものでなければならないという，被影響性（affectedness）の条件に従う．また，by 句は動作主に限られ，無生物の原因は許されない((16a))．このような条件は，受動文には課されない((15b), (16b))．

(15) a. *this issue's discussion by the president
　　 b. This issue was discussed by the president.
(16) a. *the balloon's inflation by the gust of wind
　　 b. The balloon was inflated by the gust of wind.

このような事実は，受動名詞が動詞と同じ「受動形」ではないことを示している．単純事象名詞は項構造をもたないので，自由に修飾語を伴うことができる．一般に所有格名詞は，後続する主要部名詞とさまざまな意味関係をもつものであり，(12)のような「目的語」的な解釈もその一類であると考えられる．John's picture が「ジョンを描いた絵」の意味になる場合の所有格名詞と，同じ意味である．また，前置詞 by は(その意味の1つとして)動作主的な意味をあらわす (a book by Chomsky)．したがって(12)のような例は，項構造をもたない単純事象名詞に，このような所有格名詞や by 句の修飾が付されたものと考えられる．これに対して複雑事象名詞は項構造をもち，項を投射しなければならないので，これらの例の所有格名詞は項でなければならず，修飾要素である可能性はない．また，動詞とは異なり，派生名詞には受動分詞を作る手段もない．したがって(13), (14)のような複雑事象名詞は，基体動詞が受動分詞にならないままで受動文にあらわれることができない (*The city destroyed by the enemy.) のと同じ理由で，容認不可能であると考えられる．

　また，複雑事象名詞が不可算名詞であることも，基体動詞の項構造を投射することと結びつけて考えることができる．単純事象名詞は，出来事を指してはいるが，それは trip などの名詞同様，いわば「もの」として出

来事をとらえている．したがって，複数回の出来事であれば複数形になる
(the frequent trips / *trip, the frequent assignments / *assignment)．この
ようなモノ的な出来事のとらえ方は，3.1.5 節で見るように，LCS の部
分的取り立てという形で説明できると考えられる．これに対して，複雑事
象名詞は，動詞の項構造をそのままの形で継承している．2.2.1 節でも見
たように，基体動詞の項構造を統語構造上に投射することは，動詞同様の
事象解釈を引き起こすと考えられ，そこには複数形というモノ的な視点は
関与しないと考えられる．

　複雑事象名詞が項構造をもつことによる事象解釈は，他の言語事実でも
確認できる (Grimshaw 1990)．まず，目的をあらわす節（((in order) to
VP) のコントロール現象を考えてみよう．目的節のコントローラーは，一
般には (17a) のように主文の主語であるが，(17b) のような例では主語
ではなく，主文のあらわす事象全体がそのコントローラーになっていると
考えられる．

   (17)　a.　They left early in order to catch the first train.　（catch の主
              語 = they）
        b.　The door was opened in order to let air in.　（let の主語 = ド
              アを開けること）

(17b) のようなコントロールを「事象コントロール」と呼ぶが，このよう
なコントロールが複雑事象名詞でも可能である．

   (18)　a.　the opening of the door in order to let air in　（let の主語 =
              ドアを開けること）
        b.　the sinking of the ship to impress the general　（impress の
              主語 = 船を沈めること）
        c.　the constant translation of linguistics textbooks in order to
              make them available to a wider readership　（make の主語
              = 翻訳すること）

ところが，(19a) のような結果名詞や，(19b) のような項を伴わない単純
事象名詞では，このようなコントロールが許されない．また，単純事象名

詞である受動名詞でも，事象コントロールはできない ((19c))．trip のような動詞からの派生でない名詞も，コントロールはできない ((19d)) ことに注意したい (Grimshaw 1990, 58–59)．

(19) a. *the translations of the book in order to make it available to a wide readership
b. *the murder in order to preserve peace
c. *John's arrest to prevent riots
d. *the trip in order to prove a point

このように，事象コントロールは出来事を指す名詞であっても，項の具現化によって事象解釈が統語的に活性化されていない場合は，許されないことがわかる．

事象解釈に関わる第二の点は，アスペクト的な時間修飾語の可否である．行為の継続時間をあらわす for 句，行為の終結までにかかった時間をあらわす in 句は，それぞれ非終結的 (atelic) な述語(活動動詞)，終結的 (telic) な述語(達成動詞)と共起し，動詞句のアスペクト特性と密接に関わることが知られている ($\Rightarrow$ 2.1)．

(20) a. The bombing destroyed the city in / *for two days.
b. They observed the patient for / *in several weeks.

複雑事象名詞は，これらの修飾語について基体動詞と同じふるまいを示す．

(21) a. the destruction / destroying of the city in / *for two days
b. the observation / observing of the patient for / *in several weeks

これに対して，項構造をもたない単純事象名詞は，このような修飾ができない ((22a))．ただし，出来事をあらわすという意味で (22b) のような表現は可能であることに注意したい．(もちろん，結果名詞はこのような時間をあらわす修飾語とは意味的に相容れないので，共起しない (*a tall building in / for two days).）Grimshaw (1990, 83) は，単純事象名詞である受動名詞も，アスペクト的な修飾ができないことを指摘している ((23)).

(22) a. *Jack's trip in / for three weeks
b. That trip took three weeks.
(23) a. *the building's construction in three weeks
b. *the book's translation in only three months

2.2.1 節で見たように，項構造が統語構造に投射されることによって，動詞同様の事象解釈が引き起こされると考えられる．同じ「事象」を指すように見えても，単純事象名詞が事象コントロールやアスペクト的修飾語を許さないのは，項構造を投射していないからである．後述のように，単純事象名詞は基体動詞の意味構造の一部を取り立てて，モノ的にとらえるという性質をもっており，動詞同様の事象解釈を許さないものであると考えられるのである．この事象解釈に関わる問題を，理論上どういう位置づけのもとに形式化するかは今後の課題であるが，(18), (19) および (21)–(23) のデータが，複雑事象名詞と結果名詞・単純事象名詞との違いを際だたせていること，統語現象に関与する「事象解釈」が項構造の具現化によって可能になると考えれば，このデータは，複雑事象名詞のみが項構造をもつという Grimshaw の立場から説明が可能であることを確認しておきたい．

3.1.3　-ing による名詞化: 規則による複雑事象名詞

このように，複雑事象名詞は項構造をもつ名詞であると考えられる．ところが，-ing とそれ以外の接辞による複雑事象名詞とを比較すると，項構造のもち方に相違があることがわかる．(10) で見たように，複雑事象名詞は基本的に，基体動詞の取る直接内項を of 句として表現する．しかし，着点 ((24a)) や起点 ((24b)) など，基本的に対象をあらわす意味をもつ of では表現しにくいと思われる θ 役割を担う内項の場合に，of 句で実現できない例が存在することが，Rappaport (1983) などに指摘されている．

(24) a. the soldier's entry into / *of the city
    b. the refugee's flight from / *of the city

enter は，物理的な移動の意味では他動詞で用いるのが普通である（?*They entered into the city.）が，名詞 entry では of 句は容認されず，into 句が用いられている（(24a)）．また flee は，他動詞としても，from 句を取る自動詞としても用いられるが，そこから派生した名詞 flight は of 句と共起しない（(24b)）．-ing 以外の名詞が，結果名詞・単純事象名詞・複雑事象名詞のうちどの解釈をもつかには個人差があるため，(24) が複雑事象名詞であるか単純事象名詞であるかの判断はむずかしいが，(25a) の frequent で修飾した単数形を容認する話者がいることから，(24a) の entry には複雑事象名詞としての解釈があるように思われる．また，(25b) のような表現が不可能であることは，into 句が単なる修飾要素ではなく，主要部の項であることを示唆する（cf. (11)）．

(25) a. % their frequent entry into the country （% = 判断に個人差あり）
    b. *Their entry was into a Muslim country.

したがって (24) は，複雑事象名詞において，基体動詞の直接内項が，of 以外の前置詞を伴って間接内項として具現化した例であると考えられる．

これとは対照的に，-ing 名詞では項が着点 ((26a, b)) や起点 ((26c)) であっても，基体動詞の直接内項にあたるものは常に of 句としてあらわれる．

(26) a. ... there is a critical point known as passing the hump, before the reaching of which point the floats are definitely water-bound.   (*OED*)
    b. their frequent entering of the country
    c. the leaving of Rome   (Roeper 1987, 282)

同じ複雑事象名詞で，(24) と (26) の差がでるのはなぜだろうか．これは，-ing という接辞の特異な生産性と関連すると考えられる．-ing 以

外の接辞は，どの接辞がどの基体に付加するか，すべてが予測できるとは限らない．語種による制約がある場合もあるが (e.g. -ation はラテン系の基体にのみ付加する)，arrival / #arrivation, derivation / #derival; exclamation / #exclaim（N）, claim（N）/ #clamation といった対比は，形態的・音韻的制約で予測できるものではなく，どの基体にどの接辞が付加するかは，レキシコンにリストされていると考えられる．

また，どの名詞が複雑事象名詞の意味をもちうるか，という点も必ずしも予測できない．接辞によって，たとえば転換名詞は項構造をもたないものが多く (e.g. *the buy of clothes, *the push of the door)，-(at)ion は項構造を取りやすい (e.g. the construction of the building, the relaxation of external controls) といった傾向が指摘されているものの，the use of drug, *the destination of the ship to Honolulu（出来事を指す意味で不可）などの例外もあり，あくまで傾向にすぎないのである．どの名詞がどのような意味をもつかは，個々にレキシコンにリストされていると考えなければならない．

このことは，個々の名詞がどの意味をもちうるかに，話者による個人差があることによっても裏づけられる．たとえば solution は，「少なくとも一部の話者には結果名詞の意味しかない」と Grimshaw (1990, 82) は述べ，*the solution of the problem という例をあげているが，事象を指すと考えられる実例も存在する (the pooling of ideas towards the solution of a special problem (*OED*))．また，(25a) の entry の例のように，frequent の修飾を付加した単数形を許す，つまり複雑事象名詞の解釈を許す話者と，これを許さない話者とがいるものもある．このような個人による「ゆれ」は，使用語彙が個人によって異なるという事実の反映であるととらえられる．どの語のどの意味をレキシコンにリストするかは，個人によって異なりうるということである．

これに対して -ing は，すべての動詞に付加することができ，必ず複雑事象名詞の意味をもつという点で，他の接辞に見られない突出した生産性と規則性をもち，話者による個人差もない．これは，第 4 章で論じる演算規則としての性質を -ing 接辞付加がもっていること，したがって各 -ing

名詞はレキシコンにすべてリストされるわけではないことを示唆している．

　このような違いが，(24) と (26) の対比を説明できると思われる．伊藤 (2002) が詳述するように，-ing 名詞はレキシコンにリストされないため，固有の項構造をもたない．項構造というのは，各語彙項目の語彙情報としてレキシコンにリストされているものであるから，レキシコンにリストされない語には，その語固有の項構造というものはありえない．つまり，-ing 名詞は基体動詞の項構造をそのまま演算処理に用いていることになる．したがって，-ing 名詞の項構造は常に基体とまったく同一であり，基体の直接内項は必ず直接内項としてあらわれる．ただし，-ing 名詞は，項構造は動詞と共有するものの，品詞は名詞に変化している ($\Rightarrow$ 3.1.1)．名詞は統語上の理由から，直接内項を名詞句のままの形で取ることはできず，意味的に透明な格付与のための前置詞 of を介して直接内項を取ると考えられる．（このような格付与子としての of (Chomsky (1970) を参照) は名詞だけでなく，動詞から派生する形容詞とも共起するものであり (e.g. His behavior indicated their failure. / His behavior was indicative of their failure.)，格付与能力のない主要部の直接内項に目的格を与えるためのものであると考えられる．この of は固有の意味をもっておらず，対象などをあらわす意味をもつ前置詞 of とは区別される．）そのため，-ing 名詞は直接内項を NP としてではなく，of を伴う前置詞句として表現することになる．基体動詞が直接内項として取っているものは，-ing 名詞でも直接内項であるため，of 句以外の前置詞句としては出現できないのである．

　これに対して，-ing 以外の複雑事象名詞はレキシコンにリストされるので，その名詞固有の項構造をもつ．Grimshaw (1990), Hoekstra (1986) らが主張するように，これらの名詞は直接 θ 役割を付与することができず，前置詞を介して θ 役割を付与する，つまり間接内項として項を取ると考えられる．基体動詞の直接内項が，-ing 以外の派生名詞では間接内項として受け継がれるのである．多くの場合に，前置詞 of が θ 役割付与子として項構造に指定される (discussion: x < of y >) が，(24) の例のように of の意味と相容れない θ 役割の場合には，別の前置詞が間接内項の θ

役割付与子として指定されることになる（entry: x < into y >）．（ただし，これはあくまで間接内項としての前置詞句であって，3.1.2 節の (8), (9) で見たような付加詞としての前置詞句とは異なることに注意する必要がある．また，この分析では，同じ of であっても，their discussion of the issue のような -ing 以外の複雑事象名詞にあらわれる of は，前置詞としての意味をもっているが，-ing 名詞では格付与のためにのみあらわれる，意味のない透明なものととらえられることになる．）

このような項構造の違いは，以下のような対比にもあらわれる（Ito 1996）．

(27) a. their drainage of oil from the tank
　　　b. ??their drainage of the tank of oil
(28) a. their draining of oil from the tank
　　　b. their draining of the tank of oil

drain は，場所格交替を示す動詞の一種である（drain oil from the tank / drain the tank of oil）．一般に場所格交替の動詞は，交替形のどちらに対応する名詞化も可能である（the doctor's injection of antibiotics into my arm / the doctor's injection of the patients with antibiotics）が，除去・剥奪をあらわし交替形に of 句が出る drain タイプの交替では，(27b) に示したように，of 句を含む構文に対応する名詞化の容認度が低くなる．上述の複雑事象名詞の分析を採れば，drainage という複雑事象名詞は独自の項構造をもち，基体の直接内項を of 間接内項として引き継ぐ．このため，drain the tank of oil の drain: x < y, of z > に対応する drainage という名詞は，2 つの of 間接内項を取ることになる（drainage: x < of y, of z >）．異なる意味役割をもつ 2 つの項が同じ前置詞によって θ 役割を付与される，という項構造の指定が不自然なため，(27b) の容認度が下がると考えられる．それに対して，-ing 名詞である draining は，動詞の項構造（drain: x < y, of z >）をそのまま用いるため，直接内項を 1 つと of 間接内項を 1 つ取ることになり，このような項構造上の不都合は起こらない．

このように，複雑事象名詞でも，-ing 名詞とそれ以外の名詞では異なる

ふるまいを示す．もう一点，以下のような違いを指摘しておきたい．

(29) a. They claimed John to be guilty.
  　　　He proved the convict to be innocent.
　　 b. ?their claiming of John to be guilty
  　　　?his proving of the convict to be innocent
　　 c. *their claim of John to be guilty
  　　　*his proof of the convict to be innocent

これは，2.2 節で見た ECM 構文（「直接目的語」が動詞の項ではなく，埋め込まれた不定詞の主語項である構文）に対応する名詞化である．Chomsky (1970) 以来，(29c) のような例から ECM に対応する名詞化は容認されないと論じられてきたが，実際には -ing 名詞の容認度はかなり高い．ここで細かく分析する余裕はないが，このような例も，-ing 名詞が基体動詞の語彙情報をそのまま用いていることのあらわれであると考えられる（伊藤 2002）．

　以上，3.1.2 節と 3.1.3 節では，複雑事象名詞が基体動詞同様に項構造をもつことを見てきた．これらの名詞は，基体動詞の項構造を引き継ぐので，意味的には当然透明であり，その点で後述の結果名詞・単純事象名詞とは異なり，高い規則性を示す．ただし，複雑事象名詞の中でも，-ing 名詞とそれ以外の名詞とでは項構造の「もち方」に相違があり，それは -ing 接辞の突出した生産性・規則性と関連することもわかった．

3.1.4　LCS と結果名詞

　次に，項構造をもたない結果名詞や単純事象名詞と，基体動詞との関係を，どのようにとらえることができるかを考えてみたい．まず，結果名詞を見てみよう．結果名詞は，(30) のように，動詞のあらわす行為の結果として産出されるものをあらわす．

(30) a. writing（著作物），building, publication（出版物），construction（建造物），organization（団体），drawing, carving（彫像），coinage（造語），composition（合成物），creation（創造

物), invention (発明品), production
- b. gift, donation, offering, delivery (配達品), allotment (分け前), allocation (分け前), assignment (割り当て仕事・宿題)
- c. arrival (着荷, 新生児), happening, occurrence, dropping (落下物), accrual (定期的にたまる利子など)
- d. translation (訳書・訳文), revision (改訂版), revival (再演の演目), abridgment (縮約版), wreckage (残骸)
- e. injury, breakage (破損個所), perforation ((紙の切り取り用) ミシン目), cleavage (裂け目)
- f. perspiration (汗), laughter, exclamation (叫び声)

結果名詞には,(30a)のように,結果産物をあらわす名詞を目的語に取る作成動詞から派生したものが多い(publish a book, publication = book)が,(30b)のような所有権などの移動をあらわす他動詞,(30c)のような出現・位置変化をあらわす自動詞,(30d, e)の状態変化他動詞,(30f)の活動をあらわす自動詞から派生するものなどがある.

影山(1999, 第7章)が論じているように,結果名詞は,特定の項に焦点のあてられた LCS が,特質構造の主体役割として組み込まれていると分析することができる.たとえば,作成動詞から派生する結果名詞(30a)は,次のような意味構造をもつと考えられる.

(31) a. creation (創造物)
形式役割 = Thing (α)
主体役割 = [[x ACT] CAUSE [BECOME [y = α BE AT [$_{LOC}$ IN WORLD]]]]

形式役割は,creation という名詞が具体物を指すことを示し,主体役割は,この名詞の指すものが,この LCS をもつ動詞(create)のあらわす出来事によって作られるものであることを示す(2.1 (12)の特質構造を参照).また y を α と同定することで,この名詞が LCS 上の BE AT の主語,つまり行為の結果として出現するものを指すことを示している.(30b, c) の結果名詞についても,基体動詞の LCS 上に変化を示す BECOME, BE AT

という述語が含まれるので，同様の分析が可能であると思われる．それぞれ主体役割のみを示すと，およそ (31b, c) のようになるだろう．(31c) では，場所をあらわす IN の項が変項 z の場合は，位置変化を被るもの (arrival では「着荷」の意味)，定項 WORLD の場合は出現するもの (arrival では「新生児」の意味) となる．

(31) b. gift
主体役割 = [[xACT-ON y] CAUSE [BECOME [y = α BE AT [$_{POSS}$ z]]]]
c. arrival
主体役割 = [BECOME [y = α BE AT [$_{LOC}$ IN z / WORLD]]]

これに対し，(30d, e) のような状態変化動詞から派生する名詞の場合，基体動詞の目的語の指示物が変化を被った結果として産出されるものをあらわすが，結果名詞の形式役割 α と同定されるのは，主体役割に組み込まれる LCS の変項ではなく，定項であると考えられる．

(31) d. translation
主体役割 = [[x ACT-ON y] CAUSE [BECOME [y BE AT [$_{STATE}$ IN **TRANSLATION** = α]]]]
e. injury
主体役割 = [[x ACT-ON y] CAUSE [BECOME [y BE AT [$_{STATE}$ WITH **INJURY** = α]]]]

たとえば，translate an English text into Japanese において，結果名詞 translation は基体動詞の目的語にあたる an English text を指すわけではないので，y が α と同定されるとは考えにくい．むしろ，基体動詞の LCS における結果状態を示す定項 ((31d) の例で言えば「訳文である状態」の「訳文」にあたる定項) が α と同定されると考えられる．同じ状態変化動詞から派生する名詞でも，(30e) の類では，働きかけは y 全体に対するものであるが，状態変化は y の一部に起こり，結果名詞はその変化の結果として生じたもの (たとえば，injure a boy において少年の体にできた「傷」) を指しているので，WITH を用いて (31e) のように分析するのが

適切であると思われる.

　同様に，LCS の定項が α と同定されると分析できるのが，(30f) の例である．(30f) の基体となる活動自動詞は，一般に ACT という述語を用いた LCS が仮定されているが，それではこのような結果名詞の存在はうまく説明できない．ACT は，「結果産物」にあたる項をもたないからである．同じ活動自動詞でも，walk や swim などは結果名詞をもたない．これは，walk や swim という動詞は活動の結果として何かが産出されることを含意しないが，perspire や laugh という動詞は汗や笑い声を産出することを含意している，という相違によると思われる．したがって，(30f) のような名詞の基体動詞は，walk などの典型的な活動自動詞とは異なる LCS をもつと考えられる．

　これらの動詞が何らかの「産物」を生むことを含意すると言っても，それは (30a) の基体のような作成動詞とは異なり，非終結的 (atelic) な動詞である (John laughed for / *in a minute.)．そこで，このような動詞に，BECOME を含まない (32) のような LCS を仮定してみよう．C は，定項が入る位置で，x の活動によって x の身体から発生する分泌物や音声などが入る．

(32)　[x ACT] CAUSE [C BE AT [$_{LOC}$ IN WORLD]]

　(30f) と近い類の動詞・名詞のペアをさがすと，動詞・名詞同形のものが多いことに気づく．

(33)　sweat, spit, scream, shout, yell, cry, bark, chirp, laugh, giggle, chuckle, sob, moan, groan, cough, snore, sneeze, belch, sigh, whisper, whistle, hum, yawn

この事実は，これらの動詞が，2.3.1 節で検討した名詞転換動詞と同じ性質をもつことを示唆する．(33) の語は，動詞・名詞どちらが基体であるかは必ずしも判然としない．名詞が基体であると考えるのが妥当な語の場合は，(32) のような LCS の定項部分 (C) に基体名詞が挿入されると考えられる (⇒ 2.3.1 (59))．sweat は，そのような名詞転換動詞として分

析できると思われるが，同義の perspire / perspiration では動詞が基体である．が，どちらが基体であるかにかかわらず，(32) の LCS が「汗」にあたる定項をもつと考えれば，同じ LCS 分析が可能である．sweat の場合はその定項が基体名詞の挿入であり，perspire / perspiration においてはその定項が名詞の形式役割 α と同定されて，結果名詞の意味構造となると考えることができる．

(34) perspiration
形式役割 = Thing (α)
主体役割 = [x ACT] CAUSE [**PERSPIRATION** = α BE AT [$_{LOC}$ IN WORLD]]

このような分析を採ると，基体動詞と結果名詞の間の関係と，基体名詞と転換動詞との関係を，いわば同じコインの裏表としてとらえることができる．

興味深いことに，(34) 同様に，LCS の定項と α の同定であると分析した状態変化動詞から派生するものにも，名詞と動詞が同形のものが非常に多く見られる．(30d) のタイプとして (35), (30e) のタイプとして (36) のような例がある．

(35) ruin（廃墟），wreck（難破船），rewrite（書き直し記事），reprint（リプリント版），cut, shred, slice（いずれも，切片），roll（巻物），roast（焼き肉），fry（揚げ物）

(36) damage, wound, cut（切れ目），split, rip, tear（いずれも，裂け目），crease, fold（いずれも，折り目），crinkle, wrinkle（いずれも，しわ），crack（割れ目），scorch（焦げ目），singe（焼け焦げ），stitch（縫い目）

この 2 つのタイプは，2.3.1 節で見た (59d) および (59a) の定項挿入（転換動詞形成）と，それぞれ裏表の関係にあるとみなすことができる．多くの例については (33) 同様，どちらが基体であるか必ずしも判然としないが，この場合も動詞から名詞，名詞から動詞という両方向の転換を，(32), (34) 同様の LCS 分析でとらえることができる．

以上の考察から，結果名詞のうち，多くの動詞転換形をもつのは，LCS の変項が α と同定されるもの ((31a–c)) ではなく，定項が同定されるタイプ ((31d, e), (34)) であることがわかる．これは，このタイプが，名詞転換動詞形成における LCS への定項挿入と表裏一体の関係にあることと無関係ではないと思われる．もちろん，動詞から名詞への転換と，名詞から動詞への転換は相互に独立して起こりうるものであるから，上述の分析は (31a–c) のタイプの結果名詞が，動詞転換形をもちえないことを予測するわけではない．実際, manufacture（製品), design（設計図), produce（製品）など, (31a) のタイプの動詞転換名詞も存在する．しかし, (31a) に対応する (30a) のような結果名詞の数がたいへん多いのに比べると，その中で転換名詞の数はかなり少ないと言ってよい．第4章で詳しく見るように，LCS レベルの語形成がネットワーク的なリストによるものであるとすれば，派生の方向性が形にあらわれない転換という語形成が，ネットワークが双方向に支えられることによって生産性が上がるとしても不思議はない．したがって, (30d–f) のタイプの結果名詞に転換形のものが多いというのが正しい事実観察であるとすれば，それは上記のような表裏一体の双方向分析が正しいことの傍証となると考えられる．

影山 (1999) が指摘するように, (37) のように，結果以外の具体物をあらわす動詞派生名詞も存在する．このような名詞についても, (30) と同じような語彙的意味構造による分析が可能である (詳細は影山 (1999) を参照).

(37) a. <場所> dwelling, settlement（定住地), residence
 b. <原因> salvation（救済手段), help（助けになる人・もの), demolition（爆薬), protection（保護策), destruction（破滅の原因: e.g. Alcohol was his destruction.)
 c. <物材（敷設・着装をあらわす動詞 (e.g. equip) の with 句にあたる)> equipment, armament, stuffing, filling, decoration, ornamentation, furniture

(30), (37) のような具体物を指す動詞派生名詞には，共通の特徴があ

る．それは，ある語が実際にどのような意味で用いられるかは，基体の意味構造からは必ずしも予測できないということである．上で見たように，walk のような動詞から派生する名詞が結果産物の意味をもちえないことは，動詞の意味から予測できる．しかし，LCS で CAUSE 述語を含み，したがって結果産物の意味を理論的にはもちうる語でも，必ずしもそのような用法があるとは限らない．たとえば，break, cut (cf. (30e)) と同様の状態変化動詞である smash から派生した名詞 smash は，「砕けた破片」という結果産物の意味では用いられない．この場合は，breakage が部分的に破損した状態で本来の目的に用いられているものの破損個所を指すのに対し，smash したものは，そのもの本来の目的には使えないため，その破片を smash という名詞で名づけることに意味がない，といった語用論的な要因が働いているのかもしれない．(30c) の arrival は，「新生児」という特殊な意味をもつし，同様に出現をあらわす動詞 appear から派生した名詞 appearance は，「まぼろし」といった特殊な意味以外では「出現したもの」を意味しない．基体動詞の意味から予測される意味の中から，ごく特殊なものだけが語彙化した例である．また，(37a) と同様に，場所を LCS の項として取ると思われる動詞でも，stay などは場所の意味をもつ派生名詞をもたないし，demolition が demolish する原因となる爆薬を指すのに対し，同様に原因項を取る kill からは，毒薬などを指す派生名詞は形成されない．また，produce から派生する名詞は，事象をあらわすのには production を用い，product, produce はもっぱら結果産物をあらわすという，いわば分業が行われている．これらは，語彙化の偶然性を示す例であると言える．

　このように，具体物を指す名詞は，LCS のような基体動詞の意味構造を用いて分析できるが，これは，理論的に可能な形と意味の結びつきを予測するという意味で，必要条件にすぎない．CAUSE 述語をもたない動詞には結果産物の意味の派生名詞はない，とは言えるが，CAUSE 述語をもつ動詞すべてに結果産物をあらわす派生名詞がある，とは言えないのである．これは，「理論的に適格ではあるが実際には用いられない」という形式(語彙的ギャップ)が，非適格語とも実在語とも区別される記憶装置とし

てのレキシコン特有の現象であり（⇒ 1.4），より規則的な性質をもつ複雑事象名詞の場合には，このような語彙化現象は見られない．

3.1.5 単純事象名詞と LCS

次に，単純事象名詞の分析を見てみよう．たとえば construction という事象名詞には，4 通りの解釈が可能である（Pustejovsky 1995, 94, 170; 影山 1999, 101–102）.

(38) a. The house's construction was finished in two months.
b. The construction was interrupted during the rains.
c. The construction was slow.
d. a building of sturdy construction

construct という動詞は達成動詞であり，その LCS は (39) のようになる．

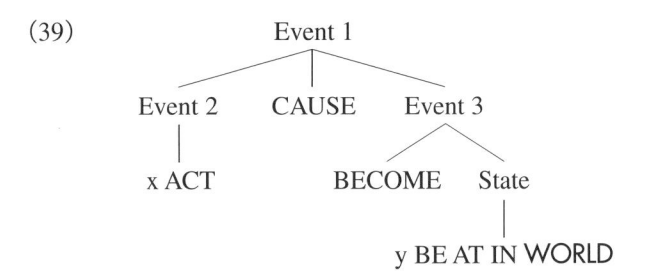

(39)
```
                    Event 1
                 /     |      \
           Event 2   CAUSE   Event 3
             |                /     \
           x ACT          BECOME   State
                                     |
                              y BE AT IN WORLD
```

Event 2 は建築作業の過程（process），Event 3 は建築物が存在するようになるという推移（transition），State は建築物が存在するという状態（state）をあらわし，Event 1 は，作業があって，その結果として家が存在する状態に変化する，全体の使役事象をあらわしている．影山 (1999) が論じているように，(38a–d) の 4 つの事象名詞解釈は，(39) の 3 つの event と 1 つの state をそれぞれ取り立てていると解釈できる．construction という名詞は，(38a) では作業の結果として家が完成するという全体の Event 1 を，(38b) では作業過程 Event 2 を，(38c) では作業から状態への推移 Event 3 を，そして (38d) は結果状態 State をあらわしているのである．

(38c) の例は，slow という形容詞は作業過程にもかかりうるので，本当に Event 3 (BECOME) の取り立てであるのか，ややわかりにくいかもしれないが，(40) のように ACT を含まない到達動詞から派生した名詞 (separation) でも，同様の例が見られる．

(40) a. After years of separation, she was rejoined with her husband.
　　　　　　　　　　　　　　　　　　　　　　　　（『活用』）
　　 b. The gradual separation of the island from the continent continued.　　　　　　　　　　　　　　　　(*ibid.*)
　　 c.
```
            Event
           /     \
      BECOME    State
                  |
              y BE AT SEPARATED
```

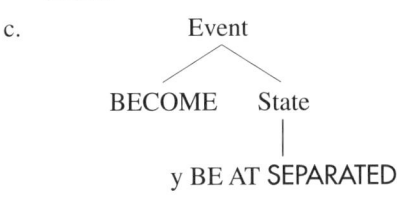

到達動詞としての separate は，(40c) の LCS をもつと考えられる．(40a) は結果状態 State を取り立てているのに対し，(40b) では gradual は状態への推移を修飾していると考えられ，BECOME 述語の推移 Event を取り立てていると考えられる．expansion, development, deterioration なども同様の多義性を示す．

このような観察から，単純事象名詞では LCS の event や state が取り立てられて，名詞の形式役割と同定されると考えられる．LCS のどの部分が α と同定されるかによって，(38a–d), (40a, b) の多義性が生まれる．construction は，形式役割として event (α) をもち，この α が同定されるのが (39) の Event 1 であれば (38a)，Event 2 であれば (38b)，Event 3 であれば (38c)，そして State であれば (38d)，という解釈がそれぞれ得られる．

ただし，すべての単純事象名詞がこのような体系的な多義性を示すわけではない．たとえば，達成動詞から派生した名詞でも，drainage, murder など，結果状態の意味をもたないものも多いと思われる．逆に，arrest などは，結果状態 (be under arrest) および全体の使役事象 (a sudden arrest) は意味するが，行為 (Event 2) を取り立てる意味はもたないようである．また，到達動詞からの派生名詞でも，arrival, entrance などは結果状態を指さない．したがって，どの名詞がどの意味をもつかは，各語彙固有の情報としてレキシコンにリストされていると考えられる．

　以上のような分析を採ると，結果名詞も単純事象名詞も，基体動詞の意味構造の一部を取り立てるという共通の分析ができる．これに対して，動詞と同じ項構造をもつ複雑事象名詞は，基体動詞の意味の一部を取り立てるようなことはできず，あくまで動詞の意味全体を引き継ぐと言える．従来，単純事象名詞と複雑事象名詞との区別が見過ごされてきた 1 つの理由は，(38a) のような事象構造全体を取り立てる単純事象名詞と，項構造全体を引き継ぐ複雑事象名詞とが，ほぼ同じ意味をもつためであると考えられる．しかし，複雑事象名詞は (38b–d) のような意味をもつことはできず，部分的な取り立てはできない．(20), (21) の例で見たように，複雑事象名詞が基体動詞のアスペクト的な特性を引き継いでいることが，それを示している．また，すでに見たように，単純事象名詞はモノ的な個体として事象を取り立てており，可算名詞となるのに対し，複雑事象名詞は動詞の項構造を引き継ぎ，事象を事象としてとらえるため，複数形にはならないと考えられる．((38d) の construction は不可算名詞であるが，これは状態を指すためであると考えられる．モノ的にとらえる場合，行為は回数を数えられる可算名詞となるが，状態は回数を数えられず，物質名詞と同じような不可算名詞となると考えられる．)

　この節では，項構造をもつ複雑事象名詞と，LCS の部分的取り立てを行う単純事象名詞・結果名詞の対比を見てきた．特に，項構造と LCS という，異なるレベルでの分析を採用することで，意味の透明性の相違を含め，さまざまなふるまいの違いをとらえることができることを示した．

3.2　日本語の動詞の名詞化

　日本語の動詞の名詞化には，大きく分けて，動詞連用形を接辞なしで名詞として使う方法(笑い，繰り返し)と，ある意味をもつ接辞付加によるもの(笑い方，繰り返し方，読み手，聞き役)とがある．ここでは，3.1 節で

見た英語の派生名詞の下位分類とその分析を手がかりとして，日本語の異なる種類の名詞化に見られる，生産性や基体動詞の補語のあらわれ方を考察していくことにする．

3.2.1 動詞連用形の名詞用法

最初に，動詞連用形の名詞用法について見よう．日本語の動詞の連用形は，接辞なしでさまざまな意味をもつ転換名詞として使われるが，それらは英語の派生名詞の場合と同様，事象に言及するものと具体物に言及するものに分けられる．まず前者には，行為・出来事，（変化や様態の）程度，結果状態をあらわす名詞が観察される．

(41) a. 行為・出来事: 笑い，泳ぎ，争い，誘い，眠り，踊り，訴え，励まし，求め，調べ，動き，乱れ，震え，揺れ，買い戻し，焦げつき，繰り上げ，譲り合い，立ち入り，貸し出し，組み立て，読み取り，受け入れ，切り捨て，取り壊し
b. 程度(〜がいい): 出，当り，聞こえ，滑り，切れ，育ち，ウケ，ノリ
c. 結果状態: へこみ，（パイプの）詰まり，（刀の）反り，（立派な）造り，出来，仕上がり

この中でもっとも例が多いのは，(41a)の行為や出来事をあらわす名詞で，特に複合動詞の場合は，その多くが名詞として使用できる．(41b)は，状態変化動詞があらわす自発的な変化という出来事から転意して，その変化の程度をあらわしている（（水が）よく出る → （水の）出がいい，よく切れる → 切れがいい）．それに対して，(41c)は，変化の結果である状態を指す．たとえば，「パイプの詰まり」はパイプが詰まった状態を，「立派な出来（だ）」というのは，完成した状態をあらわしている．(41)の名詞は，3.1.5節で英語の単純事象名詞について見たように，事象構造の下位事象である行為・出来事・状態を取り立てて名詞化したものと考えることができる．

これに対して，次にあげる例では，動詞連用形が，具体的あるいは抽象

的なモノを指している．

(42) a. 内容: 考え，思い，悩み，問い，望み，答え，話し，感じ，祈り，定め，教え，訴え，思いつき，思い出，頼み，決まり，言いつけ，言い伝え
b. 結果産物: 包み，(お)握り，堀(=掘り)，塗り，蓄え，備え，切り抜き，積み残し，書きつけ，書き置き，集まり，固まり，焦げ，余り，光り，照り，くぼみ
c. 動作主: すり，見張り，見習い，付き添い，飛び入り
d. 主体(〜(す)るもの): 支え，助け，流れ，妨げ，覆い，囲い
e. 道具: はかり，はたき，ふるい，鋤(すき)
f. 対象: つまみ，吊し(=既製服)，差入れ，知り合い，使い古し
g. 場所: 通り，果て，(池の)まわり，渡し，流し，住まい，吹き溜まり，受け付け，突き当たり，押入れ

これらの名詞が何をあらわすのかは，3.1.4 節で見た英語の結果名詞の場合と同様にとらえられる．つまり，その名詞の語彙表示で，主体役割として LCS のどの項が取り立てられるかによって，指示対象が決定されるのである(詳細は 3.1.4 節参照)．たとえば，(42c)「動作主」と(42d)「主体」は，ACT または CAUSE の主語項が取り立てられて名詞の指示物になり，(42f)「対象」は，ACT の目的語項または BE の主語項が指示物になる．また，(42b)の「結果産物」であれば，主体役割は変化の結果生じたもの(くぼみ，焦げ)，もしくは動作の結果生じたもの(包み，光り，照り: 英語の perspiration の分析 (34) を参照)と同定される．

事象名詞の例と結果名詞の例を比べて気づくのは，前者，特に出来事をあらわす名詞は複合動詞が多いことである．一般に，単純動詞は結果名詞を作りやすく，複合動詞は事象名詞を作る傾向が強い．(この点については後述する．) さらに単純動詞においては，事象名詞と結果名詞の境目は，語彙化の微妙な違いによる場合もある．たとえば，(41c)の結果状態の例である「へこみ」は，基本的に「へこんだ状態」を指し(へこみ(具合い)が激しい)，「結果産物」の意味は二次的である(?ボンネットのへこみに水

が溜まる）．しかし，対応する動詞の意味がほぼ同義と感じられる「くぼみ」は，もっぱら(42b)の「結果産物」の意味で用いられ（くぼみに水が溜まる），結果状態の意味は乏しい（?くぼみが激しい）．これは，事象名詞（へこみ）は下位事象の取り立てによる名詞化なので，事象の発生が含意されるが，結果名詞（くぼみ）は，必ずしも事象の生起を含意しない形で語彙化されやすく，「肉の固まり」なども同様に，「固まる」という変化事象が起きたことを含意しない．項の取り立てによる名詞化は，その指示対象の同定を動詞のLCSの項に依存するが，どの項が同定されるかは語彙的に指定されるため，事象全体の意味を含意する必要はないものと考えられる．

また，ある種の発話行為は，行為にも内容にも取れる場合がある．「誘い，励まし」などは，基本的に行為をあらわすが（彼からの誘い/励ましが3度あった），より具体物に近い意味に使われることもある（入会の誘いを配る，励ましが聞こえる）．「訴え」の場合は両方の用法が存在し，「子供の訴えに驚く」は，「訴えの内容」，「訴えたという行為」の両方の解釈ができる．その一方で，「教え」は「教える行為」の意味はなく，「教えた内容」の意味だけをもつ．このように，事象名詞と結果名詞の境界は，微妙な場合があり，そのどちらになるかは語彙的に決められていると思われる．

日本語で動詞連用形を具体物を指す名詞として使う用法は，それほど一般的ではなく，この点で英語とはかなり異なっている．むしろ日本語では，指示対象をより明確にするために，具体物の種類を特定する名詞と複合したり((43): 影山1999)，修飾要素によって動作をより特定する形での名詞化((44))が，数多く見られる．

(43)　掘り出しもの / #掘り出し　　cf. a find
　　　叫び声 / #叫び(が聞こえた)　cf. a shout
　　　洗いもの / #洗い(を干す)　　cf. wash
　　　焼けど(ど(処): トコロ) / #焼け　cf. burn
(44)　犬の遠吠え / #吠え　cf. bark
　　　サルの雄叫(たけ)び / #叫び　cf. cry

すすり泣き，忍び泣き / #泣き　cf. sob
霜焼け，日焼け / #焼け　cf. burn

なお，この点に関して影山(1999)は，日本語の名詞は英語とは異なり，個々の物体を指す力に乏しいという特徴があると指摘し，日本語の名詞が不可算(単数・複数を表示しない)であることも，その一因であると述べている．そのために日本語では(43)のように，「もの」，「声」などを複合して，名詞を具体物にするという方策が取られているわけである．(その一方で，なぜ「すすり泣き」など修飾要素の複合が具体性を高めるのかは，明らかではない．)

これに対して，(42a)のクラスの名詞については，そのような複合がなくても，名詞として使われる例が多く存在する．これもまた，日本語の名詞が個々の物体を指しにくいという要因から説明できると思われる．つまり，このクラスの名詞である「考え，教え，訴え，思い」などは，「ある内容を～する」という，心理経験や発話行為をあらわす動詞の連用形から成っている．したがって，これらの名詞があらわす「内容」は，具体物(モノ)ではなく，抽象的な命題(コト)なので，複合語にしなくても，名詞として使いやすいと考えられるのである．(ただし，「隠す→#隠し，隠しごと」のようなケースもある)．

以上，行為・出来事や状態をあらわす事象名詞と，それ以外のさまざまな指示対象をもつ結果名詞について，その意味と用法を概観した．動詞全体から見ると，(41)，(42)のような名詞になれるものは一部にすぎず，特に2モーラ以下の動詞の場合は，多くの語彙的ギャップが存在することが指摘されてきた．たとえば下記の動詞連用形は，他の語と複合語を作ることはあっても，単独で名詞として使われない．

(45) #着，#見，#煮，#打ち，#捨て，#取り，#指し，#付け，#吠え，#聞き，#去り，#住み，#会い，#焼け，#書き，#積み

このことについて，西尾(1961)は，語形が短すぎるために語として安定しないからだ，という考えを示している．たしかに，3.1節で見たように，接辞を使って動詞を名詞化することができる英語に比べると，日本語の動

詞連用形は，名詞として単独では使われにくい傾向が認められる．また，3モーラ以上の連用形や複合動詞においても，名詞用法をもたない次のような例が存在する．

(46) #集め，#比べ，#隠し，#選び，#教わり，#ゆずり，#どなり，#突き刺し，#飛び上がり，#探し回り，#考えつき，#思い知り，#買い求め，#折り重ね，#生き延び，#咲き乱れ，#透きとおり，#たどり着き

さらに特筆すべきなのは，動詞連用形が名詞として使われる場合の意味の透明性や，補語のあらわれ方における規則性の低さであろう．たとえば，西尾 (1961) も指摘するように，動詞の連用形からの転換名詞は，イディオムの一部として特殊な意味をもっているケースが散見される (磨きがかかる，渡りをつける，示しがつかない，鳴りをひそめる，にらみを効かす)．また，イディオムとまではいかないまでも，その用法が文脈に限られる傾向がある例も見られる (おしろいの付き (のり) がいい)．さらに，俗語的な表現や，特殊なグループ内で使われる表現なども多い (焼きが回る，泣きを入れる，巻きが入る (TV 番組の収録)，買いが入った (株式の売買)，ツッコミ (漫才の一人))．したがって，日本語の動詞連用形からの名詞への転換は，その用例の少なさもさることながら，意味の透明性が見られないケースが多くあるという観点から，語彙的な特徴をもつ語形成であると言うことができる．

3.2.2 動詞連用形からの転換名詞と項構造

3.1 節の英語の名詞化の考察では，項の受け継ぎの有無によって，項構造をもつ複雑事象名詞と，それをもたない結果名詞・単純事象名詞とで，ふるまいが異なるということを述べた．日本語の転換名詞では，項の受け継ぎはどうなっているのだろうか．まず，具体物をあらわす派生名詞は英語の場合と同様，項の受け継ぎを基本的に許さない．

(47) a. (動作主) 財布をす (掏) る → *財布のすり
　　　　　　　 敵の動きを見張る → #敵の動きの見張り (事象名

詞の解釈でのみ OK)
b. （道具）　身長をはかる → *身長のはかり
　　　　　　　粉をふるう → *粉のふるい

他の派生名詞には，一見，項の受け継ぎのように見えるものがあるが，たとえば次の例は名詞修飾だと思われる．

(48)　（産物）　書類の包み（「書類の山」のように中身を明示する修飾）
　　　　　　　cf. 箱を包む → *箱の包み

また，次のような例からわかるように，「(名詞)の」が随意的であることも，項ではなく修飾要素であることを示している．

(49)　彼の(無実の)訴え，(喫煙禁止の)決まり，(平和の)祈り，(財産の)蓄え，(心の)支え，(失恋の)悩み，(漆の)塗り

このような観察から，英語の場合と同様に，日本語の結果名詞は項を受け継がないと言える．

次に，事象名詞について考えよう．結果名詞の場合とは異なり，事象名詞の場合は，次に示すような形で基体動詞の補語があらわれる．

(50)　a. 警察が繁華街で交通違反を取り締まる
　　　　　　→ 警察による繁華街での交通違反の取り締まり
　　　b. 観客が自宅へポスターをもち帰る
　　　　　　→ 観客の自宅へのポスターのもち帰り
　　　c. 学生が先生に問い合わせる
　　　　　　→ 学生の先生への問い合わせ
　　　d. 手が震える → 手の震え
　　　　 風紀が乱れる → 風紀の乱れ
　　　e. 作品が仕上がる → 作品の仕上がり
　　　　 料理ができる → 料理のでき

このように，外項と内項は「(名詞)の」，それ以外の間接内項や付加詞は「(名詞)意味格(から，へ，で)＋の」という形で，派生名詞を修飾することができる．ただし，外項は「による」という形を取ることもあり，格助

詞の「に」は「にの」という連鎖が容認されないので,「への」となる.
(50)を見る限りでは,事象名詞においては項の受け継ぎが規則的に起こっているように見える.

しかし,ここで特筆すべきなのは,項構造が受け継がれているように見える中で,格助詞が変化する場合が存在することである.

(51) 友達を誘う → 友達への誘い
選手を励ます → 選手への励まし
被災者を助ける → 被災者への助け
老人を脅す → 老人への脅し
(52) 弱者を切り捨てる → 弱者に対する切り捨て (cf. 弱者の切り捨て)
違反者を取り締まる → 違反者に対する取り締まり
容疑者を取り調べる → 容疑者に対する取り調べ

(51)の例は,「を」格を取る内項が,転換名詞の修飾では「の」ではなく「への」となる例である(「に対する」も可).これらのケースでは,「の」とすると,外項の解釈となる (cf. 友達の誘い = 友達が誘う).これは,同じ内項であっても,「友達を誘う」は動作の向かう相手 (Goal) という意味役割をもっている点で,「ビルを取り壊す」の対象 (Theme) とは異なるため,と考えられる.また,(52)でも同様に,内項が「に対する」という意味関係を明示する表現で事象名詞を修飾している(これらでは,内項を「の」であらわすことも可能).3.1 節では,英語の事象名詞について,項構造を受け継ぐ複雑事象名詞 (discussing of / *on the issue) と,受け継がない単純事象名詞 (a discussion on the issue) で,前置詞が異なること,そして項構造を受け継がない場合は,目的語の意味役割に応じた前置詞があらわれることを指摘した.(51)の例もまた,目的語でありながら,「の」ではなく「意味格+の」があらわれていることから,これらは項構造をもたない単純事象名詞であることを示していると考えられる.

このように,日本語の事象名詞について,項の受け継ぎの観点から単純事象名詞と複雑事象名詞を区別する可能性が示唆されたが,より明確なテ

ストはないだろうか．今まで英語について提唱された基準からは，必ずしも明確な答えが得られない．前節で見た，英語で単純事象名詞を複雑事象名詞と区別する基準は，日本語では名詞修飾構造の性質のために，有効なテストとなりにくいのである．まず，事象を可算名詞ととらえるか否かは，日本語の名詞が前述のように不可算なので，適用がむずかしい．次に，事象コントロールは，日本語では普通の名詞修飾と同じ構造になってしまう――道路を拡張するためのビルの取り壊し(事象コントロール？)／見聞を広げるための旅(名詞修飾)．同じ問題が，時間修飾語にも存在する．たとえば，「3時間の(／にわたる)繰り返し，取り調べ」は，一見，動詞のアスペクトを受け継いでいるように思われるが，同じ時間修飾が動詞を含まない単純事象名詞や普通名詞にも可能なので，そういう結論は導けない――3日間の(／にわたる)旅 (cf. *a trip for 3 days)，3時間の(／にわたる)映画．

ただし，終結的な動詞とあらわれる「～以内，～まで，～で」という時間表現は，動詞のアスペクトを示していると思われる．

(53) a. 3時間以内の(／10時までの)取り壊しを要求する．
b. 2日以内の立ち退き，5分での組み立て，正午までの仕上がり

時間の概念をもっていても普通名詞の場合は，「明日までの旅，3日以内の夏休み，2時間以内のゲーム」など，修飾語が終結点ではなく長さをあらわす．したがって，少なくとも「取り壊し」など一部の事象名詞は，複雑事象名詞らしいふるまいをすると考えられるのである．

以上の考察から，日本語の動詞連用形の事象名詞においても，英語の名詞化 (discussion, examination) の場合と同様に，単純事象名詞と項構造をもつ複雑事象名詞の両方が存在する可能性が示唆された．

さて，日本語の場合には，単純動詞と複合動詞の両方が転換名詞として使われるが，この形態的な要因が，単純事象名詞と複雑事象名詞の区別と関係していると思われる証拠がある．まず，すでに見た「意味格」の例では，内項を「の」であらわせない例(*選手の励まし)と，「の」でも意味格

でもあらわせる例(容疑者の/に対する取り調べ)があった．これらの間には，前者が単純動詞であり，後者が複合動詞であるという形態的な違いが見られることに注意したい．

　この，単純動詞か複合動詞かという形態的な違いは，「交渉中，会談後」のような時間名詞を作れるかどうかに，顕著にあらわれる．これらの時間名詞を作る接辞は，次に示すように，漢語動詞または複合動詞の場合は「補語＋動詞」という動詞句に付加することができるが((54))，単純動詞の場合には付加できない((55))．

(54)　a.　首相が大統領と会談後に，記者会見があった．
　　　b.　警察が違反者を取り締まり中だ．
(55)　a. ＊首相が大統領と会い後に，記者会見があった．
　　　b. ＊警察が違反者を捕まえ中だ．

このことから，これらの接辞は動詞ではなく，名詞，しかも格を付与できる動名詞を選択すると考えられる(影山1993)．一方で，これらの時間接辞は，ここで取り上げている派生名詞にもつくことができる．派生名詞は直接的には格を付与しないので，補語には「(意味格＋)の」がつく．

(56)　首相の長官との打ち合わせ後に，記者会見がある．
　　　　警察の麻薬の取り締まり中に，警官が賄賂を受け取った．

「－中，－後」のような時間接辞は，意味的には時間軸をもつ動詞概念と結びつくものであるが，接辞自体の形態的な性質から，動詞ではなく名詞を選択しているものと考えられる．したがって，これらが事象名詞を選択することは，事象名詞の意味からして自然なことだろう．さらに，これらの接辞は，期間や活動の名称など一定の時間をあらわす普通名詞にもつくことができる(学期中，レース中)．

　ただ，ここで興味深いのは，事象をあらわす名詞の中でも，単純動詞からなるものが排除され，複合動詞が容認される点である．

(57)　a. ＊ローンの払い後に　(cf. ローンの払いがやっと終わった)
　　　b.　ローンの支払い後に

(58) a. *政敵との争い中に (cf. 政敵との争いが始まった)
　　　b. 政敵との言い争い中に

(54)の例で，時間接辞が格を与えられる動名詞につくことを見たが，派生名詞の場合も，項構造をもつものにのみ時間接辞がつくと考えることができる．したがって，(57), (58)の対照から，複合動詞からなる「支払い」，「言い争い」は項構造をもつ複雑事象名詞であり，「払い」，「争い」は項をもたない単純事象名詞であるという帰結が得られる．先ほど，「励まし」などを補語のあらわれ方から単純事象名詞だと述べたが，当然，これらも時間接辞を取ることができない(*励まし中，*誘い中，*助け中，*脅し中)．

なお，上記のようなデータについては，音韻的な条件(モーラ数)も存在するという主張があるが(Tsujimura 1992)，(58a)の「*争い中」の「あらそい」は，多くの複合動詞と同じ4モーラであり，逆に「見張り中」，「着替え中」，「添い寝中」など，3モーラでも複合動詞なら付加が可能なので，音韻条件のみで決まっているとは考えられない．

以上の考察から，動詞連用形が形成する事象名詞の中でも，項を受け継ぎ複雑事象名詞を作ることができる複合動詞と，単純事象名詞を作る単純動詞の違いが明らかになった．この節の最初の部分で観察したように，結果名詞には単純動詞に基づくものが多いのに対して，複合動詞は事象名詞を作りやすい．英語についても見たように，項構造の受け継ぎが事象の解釈を強めるということが言えるとすれば，この単純動詞と複合動詞が形成する名詞の種類の差もまた，項構造の受け継ぎの有無の差から来ていると結論づけることができる．

それでは，複合動詞と単純動詞の項構造の受け継ぎをめぐる違いは，何に起因しているのであろうか．その詳細な考察と検証は，今後の課題として残さなければならないが，1つの可能性として次の点を指摘したい．複合動詞はどんな動詞でも複合できるわけではなく，基本的に同じタイプの項構造をもつ動詞のみが複合できるという原則がわかっている(影山 1993, 1999)．詳細は3.4節で述べるが，複合動詞の項構造は，それぞれの動詞

の項の同定と受け継ぎによって形成されている(押しつぶす/*押しつぶれる).この複合動詞への制約が,単純動詞とは対照的に,名詞化において複合動詞の項構造を保持する要因になっているのではないだろうか.そして,項構造の受け継ぎがあれば,複雑事象名詞の解釈が与えられるので,複合動詞からの名詞の派生が,単純動詞と比べると格段に透明で生産性の高いものになっていると考えられるのである.上述のように,西尾(1961)では,複合動詞の場合は2つの要素によって意味がより限定され,音韻的にもモーラ数が多くなるので,単純動詞の場合よりも連用形が名詞としての安定度を増すという説明を試みている.これらに加えて,ここで明らかになった項構造の受け継ぎという点も,複合動詞連用形からの転換名詞の意味と用法の安定度を決定する,重要な要因と考えられる.

　以上,日本語の動詞連用形からの転換名詞について考察した結果,結果名詞,単純事象名詞,複雑事象名詞の3種類が確認できた.つまり,項構造を受け継がない結果名詞に加えて,事象名詞の中に,項構造をもつ複雑事象名詞ともたない単純事象名詞があることがわかった.さらに英語には見られない特徴として,日本語では複合動詞と単純動詞の違いが存在し,複合動詞が複雑事象名詞をかなりの生産性をもって形成するのに対して,単純動詞は少数の単純事象名詞を形成する一方で,特殊な文脈で使われたり,語彙化を受けたりしやすい結果名詞として使われるという傾向が明らかになった.ここでも,表面上は同じ語形成過程の中で,動詞の項構造に基づく名詞化と,LCSに基づく名詞化との間に,生産性や意味の透明性のはっきりとした違いがあることが明らかになった.

3.2.3　接辞付加による名詞化

　次に,接辞付加による名詞化を取り上げる.日本語の動詞を名詞化する有形の接辞としては,様態や方法をあらわす「−方(歩き方)」と動作主をあらわす「−手(話し手),−役(聞き役),−主(飼い主)」などがある.これらは,次に示すように,内項を伴って使われることが多い.

(59)　a.　雨のふり方,医療費の増え方　(様態)

    b. 野菜の作り方,自動車保険の選び方　(方法)
    c. 政権の担い手,骨董品の買い手,製品の作り手　(動作主)
    d. 荷物の運び役,クルマのもち主,子犬の飼い主　(動作主)

(59c)「−手」は動詞のみにつく接辞であるが,(59d)「−役,−主」は名詞や漢語にもつくので(上役,女房役,株主,世帯主など),接辞というより複合要素と考えたほうがよいかもしれない.以下では,これらのうちもっとも生産性の高い「−方」について,考察していく.

　「−方」の接辞付加では,動詞の補語につく助詞は,完全に文レベルの格に対応している(Sugioka 1992).「が」「を」という構造格の場合は「の」,それ以外の意味格では「意味格＋の」である.

(60) a. 日本選手がオリンピックでメダルを取る.
　　　　　　　日本選手のオリンピックでのメダルの取り方を予測する.
       b. この部屋から煙が出ている.
　　　　　　　この部屋からの煙の出方がいちばん激しかった.

これは一見,派生名詞の場合や漢語動詞の場合と,よく似ているように見える.

(61) a. 日本選手のオリンピックでのメダルの獲得
       b. この部屋からの煙の出が激しかった.

しかし,(51)「友達への誘い」などで見たように,転換名詞は格助詞が変化する場合があるのに対して,「−方」にはそういうことがない.漢語動詞にも派生名詞と同様の,格助詞の変化が見られる.

(62) a. カウンセラーが悩んでいる人を励ます・激励する.
       b. カウンセラーの悩んでいる人の(??への)励まし方
       c. 悩んでいる人への励まし・激励　(cf. 悩んでいる人の励まし・激励: 動作主)
(63) a. 上級生が新入生を誘う.
       b. 上級生の新入生の(??への)誘い方

c. 新入生への誘い　(cf. 新入生の誘い: 動作主)
(64)　a. 先生を敬う・尊敬する．
　　　b. 近頃の生徒は先生の(??への)敬い方を知らない．
　　　c. 先生への尊敬　(cf. 先生の尊敬: 動作主)

これらの例からわかるように，転換名詞や漢語熟語の場合は「を」格を取る補語でも，意味役割によっては意味格(へ)があらわれ((62c), (63c), (64c))，「の」がつくと，動作の対象ではなく動作主の解釈をもつ(カウンセラーの励まし・激励を受ける)．これに対して，「-方」接辞の場合((62b), (63b), (64b))は，すべて「の」になっていて，「への」は容認度が落ちる．これらの例は，「-方」接辞における補語のあらわれ方が，完全に格(「が」「を」)に対応していることを示している．

それに加えて，「-方」接辞では，動詞が文レベルで「に」格を与える場合でも，それが動詞によって選択される唯一の内項である場合には「の」があらわれ((65))，間接内項の「に」格名詞((66))や，付加詞の「に」格の場合((67))とは異なっている．

(65)　イスにすわる → イスの(?への)すわり方
　　　パリの地下鉄に乗る → パリの地下鉄の(??への)乗り方
　　　お墓の参り方，温泉のつかり方，ホテルの泊まり方，間違いの気づき方(が遅かった)，露天風呂の入り方
(66)　小包をアメリカに送る → 小包のアメリカへの(*の)送り方
　　　ニュースを生徒に伝える → ニュースの生徒への(*の)伝え方
(67)　うわさが町内に広まる → うわさの町内への(*の)広まり方

このような補語のあらわれ方は，英語の複雑事象名詞でも観察されたことである．3.1節で見たように，複雑事象名詞は，基体動詞の直接内項にあたる要素を，意味役割をあらわす前置詞ではなく of で表示する(discussing of / *on the issue (cf. discussion on the issue): ⇒ 3.1.2)．特に -ing 名詞では，着点や起点など，of では表現しにくいと思われる意味役割も，基体動詞の直接内項にあたるものは of 句としてあらわれる(entering of the city, leaving of Rome: ⇒ 3.1.3)．これらの事実から，-ing 名詞は基

体動詞と項構造を完全に共有しているという結論が導かれた．同様に，(65)の「の」のあらわれ方は，「-方」が基体動詞の項構造を変化させないことを示す証拠であると考えられる．

「-方」接辞は，単純動詞のみならず，複合動詞(取り扱い方，読み終わり方)など，どのような動詞にもつくことができるし，その意味は常に様態か方法をあらわしていて，語彙化することはない．その非常に高い生産性と意味の透明性という点からも，「歩き方」，「書き方」などの「-方」名詞は，基本的に英語の複雑事象動詞の -ing の場合と同じように，レキシコンにリストされることはないと考えられる．

英語の名詞化では，統語レベルで動詞句が名詞化されると考えられる動名詞もまた，その非常に高い規則性から，レキシコンにリストされることがないとされる．以下に述べるように，「-方」名詞を主要部とする名詞句は，名詞修飾構造をもつという点においては，-ing 接辞をもつ複雑事象名詞に近いものであるが，同時に動名詞構文とも複数の興味深い共通点を示す．つまり，「-方」名詞は，英語の -ing 接辞をもつ複雑事象名詞と動名詞のそれぞれの性質の一部を，併せもつと考えることができる．その詳細を具体的に見ていこう．

まず，3.1 節で見たように，英語の動名詞構文は，動詞句が名詞句 (N′) として機能するものである．

(68) We were surprised at [John's solving the case quickly].

[ ]で示した動名詞を含む句は，主語が所有格であらわれ，全体としては補語((68)では at の目的語)の位置にあらわれ，外側に対しては名詞句 (N′) として機能する．しかし，その内部構造は動詞句であるので，補語が前置詞をもたず，副詞 (quickly) があらわれるなど，名詞句の構造をもつ複雑事象名詞 (John's quick solving of the case) とは異なっている．このように，動名詞構文は動詞句と名詞句の両方の特徴を示す点で，英語の句構造において特異な存在と言える．これに対して，「-方」名詞があらわれる構文では，補語が「を」ではなく「の」で表示され，副詞ではなく形容詞があらわれる．

(69) FBIの素早い事故原因の調べ方
　　　(cf. *FBIの素早く事故原因を調べ方)

したがって,「-方」の接辞付加は,動詞の名詞化に伴って,全体の構造が普通の名詞修飾構造になっている点で,内部構造が動詞句である動名詞構文とは異なり,-ing接辞をもつ複雑事象名詞に近いと言える.

さらに形態論的な特徴として,「-方」接辞は,基本的に「語」(複合語,派生語を含む)という単位につくという性質をもっている(影山1993, 170).次の例の対比からわかるように,複合語や派生語には問題なくつくことができるが((70)),動詞との意味的な緊密度には複合語と違いがないと思われる「て」形には,自然につくことができない((71a)).(71b)のように,述語としてのまとまりがあれば,語よりも大きい単位につく場合もあるが,そのような例は,この接辞の本来の使われ方ではないという不自然な感覚を伴う.

(70) 話し終わり方,輝き続け方,書き直し方,食べ尽くし方
(71) a. *話しておき方,*輝いてい方,??書いてみ方,??食べてしまい方
　　 b. (?)大きくなり方,(?)大人になり方(を教える),(?)(今後の)やっていき方,(?)助けてもらい方(がわからない)

このような事実は,「-方」接辞が基本的に語レベルの接辞であることを示し,句をそのまま名詞化する英語の動名詞構文とは異なることを示唆するものである.

なお,日本語には句に付加する接辞として,「-すぎ(だ),-がち(だ)」などがあり,これらが動詞についても助詞や副詞は変化しない(彼は[家に早く帰り]すぎだ/花子は[子供にいつも頼り]がちだ)(詳細はSugioka (1986)を参照のこと).

その一方で,「-方」名詞は,-ing接辞をもつ複雑事象名詞より高い生産性を示し,動名詞構文について指摘されてきた透明性をもつ.まず,動名詞構文は,目的語の意味役割に関係なく名詞化できることから,慣用表現内の目的語も含むことができるが,複雑事象名詞では,意味役割をもた

ない目的語は補語として表示できないことが指摘されている((72), (73): Baker 1985, 5).「-方」と派生名詞の間にも,(74)と(75)に見られるように同様の対比が存在し,慣用表現の名詞化は「-方」のみで可能である.

(72) a. Jerry's (carefully) keeping tabs on Sherry (keep tabs on = 動きに注意する)
b. *Jerry's (careful) keeping of tabs on Sherry
(73) a. John's (constantly) paying attention to me
b. *John's (constant) paying of attention to me
(74) a. 政敵との手の結び方(手を結ぶ=結託する)
b. *手の結び
(75) a. 暴力団からの足の洗い方(足を洗う=抜ける)
b. *足の洗い

さらに,動名詞構文には,受身やECM構文のような,統語レベルでの操作を経た動詞句があらわれることが指摘され,動名詞の形成が統語レベルに属していることの証拠とされている(Baker 1985).(ただし3.1節で見たように,-ing 接辞をもつ複雑事象名詞では,ECM 構文は容認度は落ちるものの,非文法的ではないと判断する話者がいる.)

(76) a. the stock's being purchased by the investors
b. John's believing Mary to be honest
(cf. *John's belief of Mary to be honest)

「-方」も,統語的な派生(尊敬語表現((77)),受身((78)),使役((79)))の接辞がついた動詞に問題なく付加できる点で,同様の高い生産性を示す.

(77) 先生のお話しになり方
(78) 個人投資家による株の買われ方
(79) 離乳食の食べさせ方

対照的に,動詞連用形からの転換名詞の場合は,数例の語彙化した使役形

(知らせ，いやがらせ，やらせ)を除いて，使役や受身形はあらわれない(*立たせ，*読ませ，*ふられ，*叱られ，など)．このように，転換名詞がレキシコンにリストされるのに対して，「-方」名詞はレキシコンにリストされないのみならず，(77)–(79)の例からもわかるように，「-方」がつく動詞自体もレキシコンにリストされたものに限らないのである．

　以上，名詞化接辞の「-方」が，形態的には動詞の名詞化という語のレベルでの品詞変化を担うものでありながら，その役割としては，動詞句あるいは文を名詞化する機能をもつことを見てきた．そして，「-方」による名詞化のきわめて高い生産性と意味の透明性は，英語の動名詞構文と同等のものであることが明らかになった．

　最後に，動作主をあらわす接辞「-手」「-役」「-主」についても，少しふれておきたい．これらの接辞は，「-方」ほどの生産性はないものの，項構造を変化させない他の接辞付加との共通点が見られる．まず，これらが作る名詞は，ある特定の事象への参加者としての動作主を基本的にあらわす (Sugioka 1986, 1992)．たとえば「いらなくなった家具の引き取り手」，「いちばん売れている小説の書き手」，「現金の受け渡し役」，「財布の落とし主」などの例は，それぞれ特定の事象を構成する動作主を指している．この点で，基本的に恒常的または職業的な動作主を指す派生名詞(すり，もの書き，借金取り，など)とは異なっている．3.2.1 節で見た英語の -er 名詞でも，項構造を統語構造に投射するもの (saver of lives など)が事象の発生を前提とするという特徴が見られた．さらに，「-方」が受身・使役などの統語的接辞をもつ動詞につくことを指摘したが，動作主接辞のうち「-役」は，文脈が許せば，受身・使役形につくことが可能であるようだ(叱られ役，殴られ役(に徹する)，子供の遊ばせ役，笑わせ役，など)．このように，動作主接辞についても，「-方」ほど明らかではないが，項構造の保持と高い生産性が，一部で観察される．

　この節では，日本語の動詞の名詞化の代表的なものとして，動詞連用形が接辞なしで名詞として使われるものと，「-方」などの接辞によって名詞化される場合について見てきた．その結果，動詞の名詞化という現象は，一元的にとらえられるものではないことが明らかになった．まず意味的な

語彙表示レベルである LCS で指示対象が特定される転換名詞(すり, 包み)は, 項構造を受け継がず, 語彙的で生産性が低い. それに対して, 転換名詞の中でも事象をあらわすもの(取り調べ, もち去り)は, 語彙的統語表示レベルである項構造を随意的に受け継ぎ, 意味の透明性と生産性をかなりもつ. そして, 名詞化という語形成でありながら, 本来統語レベルの単位である動詞句をスコープとする接辞付加(-方)は, 完全な生産性と意味の透明性を有する. このように, 動詞の名詞化は文法の異なるレベルにそれぞれ存在し, そのレベルに起因する特徴をもつことがわかった. 形容詞の名詞化もまた, 複数のレベルに存在するが, そのことは第4章で詳しく取り上げる.

3.3　日本語の動詞由来複合語の形成

2.2.2 節では, 英語の動詞由来複合語の形成や解釈が, V' 内での内項の投射という項構造レベルの制限によって説明でき, 日本語の動詞由来複合語についても, 内項を複合したもの(草とり, ボール投げ)の多くは, 項構造による分析が妥当であると述べた. しかし, 日本語の動詞由来複合語で付加詞を複合したもの(ペン書き, 早食い)では, これから述べるように, 英語の動詞由来複合語のような基体動詞の項構造による制限が見られず, 語彙的意味表示における付加詞の導入という分析が必要になる. この2種類の複合語には, 音韻・意味, そして生産性に違いが見られ, 異なるレベルでの形成を裏づけている.

3.3.1　内項を含む動詞由来複合語

まず, 2.2.2 節でも述べたように, 日本語では内項が第一要素としてあらわれる複合語が, 数多く見られる. そして英語とは異なって, 文レベルでは主語としてあらわれる非対格動詞の内項もまた, 複合語を作ることができる. これらが, 接辞による区別なしで多様な解釈をもつことは, 2.2.2 節でも少しふれたが, ここにさらに詳しく例示しておく.

(80)　a.　行為: 金魚すくい, 石投げ, 米作り, 草刈り, ボタンつけ,

窓ふき，子育て，図面書き，棒倒し，缶けり，靴磨き，宝探し，花見，息つぎ，線引き，山登り，墓参り，波乗り，里帰り
b. 現象: 地滑り，崖くずれ，雪解け，雨降り，ガス漏れ，耳鳴り，胸焼け，人死に，日照り，燃料切れ，声がれ，人だかり，手荒れ
c. 動作主: 相撲とり，小説書き，風船売り，羊飼い，人形遣い，物取り，船乗り，酒飲み，ご用聞き，金貸し，客引き，音頭取り
d. 道具: ねじ回し，霧吹き，栓抜き，日除け，眼鏡ふき，水かき，爪切り，ひげ剃り，帯留め，鍋つかみ，えんぴつ削り，インク消し，郵便受け，水入れ，箸置き，小銭入れ
e. 特徴: 金もち，うそつき，風呂好き，物知り，親思い，罪作り，クスリ嫌い，面食い，癇癪もち，父親似，親泣かせ
f. 場所: 車寄せ，もの干し，船止め，ゴミ溜め，船渡し，水たまり，日溜まり，船溜まり，足がかり
g. 時間: 夕暮れ，夜明け，夜更け，週明け，年明け

これらの複合語の第一要素は，主要部の動詞の内項にあたり，文レベルで取る格助詞は，自動詞の場合は「が」格だが，他動詞の場合は次のように，「を」格以外に，項の意味役割が着点である場合には「に」格となる．

(81) 飛行機乗り（飛行機に乗る），寺参り（寺に参る），

これは，3.2.3節で述べた「−方」接辞の場合と同じで（飛行機の乗り方），ここでは，動詞から内項として構造格を付与されるものであれば，意味役割（対象／着点）にかかわらず，複合していることがわかる．このことは，「−方」接辞の場合と同様に，ここにも動詞句が関与していることをうかがわせる．

　一方，これらの複合語は全体としては名詞であり，動詞として用いることはできない．日本語の名詞には，漢語熟語を中心として，次の(82a)のように動作をあらわし，「する」を伴って動詞として用いられるものが存

在する．これらは [+V] という品詞素性をもつ名詞であると考えられ(影山 1993)，(82b)に示すように，「する」ではなく，「を＋動詞」とともにしかあらわれない普通名詞と区別される．

(82) a. 研究する，報道する，売り買いする，チェックする
b. *野球する，*ニュースする，*夕食する，*手紙する
(cf. 野球をする，ニュースを伝える，夕食を食べる，手紙を書く)

(82b)のうち，「野球する」などは，それほど不自然ではないように感じられるかもしれない．これは，くだけた話し方では「を」が省略されることがよくあるためで(「この本貸してね」など)，(82b)と以下の議論で，「～する」が文法的でないというのは，書き言葉のような省略のないスタイルでのことを指す．さて，(80a)の「行為」をあらわす複合語は，「する」ではなく「をする」を伴って使われる．

(83) a. *ボール投げする，*芝刈りする，*魚釣りする，*薪割りする
b. ボール投げをする，芝刈りをする，魚釣りをする，薪割りをする

したがって(80a)の複合語は，意味としては動作をあらわすが，動作の名前としての普通名詞であり，[－V] という品詞素性をもつと考えられる．また，現象をあらわす(80b)の多くも，「する」ではなく，「がする，がある，になる」を伴って使われるので，[－V] の名詞である．

(84) a. *地鳴りする，*胸騒ぎする，*ガス漏れする，*地滑りする
b. 地鳴りがする，胸騒ぎがする，ガス漏れになる，地滑りがある

さらに，特徴をあらわす(80e)は，述語としては「だ」とともに使われ，「する」を取ることはできない．

(85) *ほらふきする，*訳知りする，*子もちする，*注射嫌いする

これら(80e)の複合語は，ある人間の永続的な特徴をあらわしていて，一

時的な状態や出来事を指すものではないことにも，注目したい．そして名詞修飾では「の」だけでなく，形容動詞として「な」を取れるものもある．

(86) 罪作りな言葉，物知りな老人，うそつきな男，親思いな青年
　　　（cf. 病院嫌いの生徒，子もちの OL，母親似の子供）

これら以外の (80c, d, f, g) も，それぞれ具体的なものを指し，「する」がつかないので，名詞であると言える．

　ただし，内項を含む複合語のうち，次のようなケースは「する」を取ることができる．

(87) a. マクドナルドが商品を値下げした．
　　 b. 水につけてゴボウをあく抜きする．

これらは，動詞と目的語が複合している（値下げ，あく抜き）にもかかわらず，外側にあらたに目的語（商品を，ゴボウを）を取っている．そして，外側の目的語は複合した要素と「全体 — 部分」の関係をなしているので，本来は次のような文に対応している――「商品の値を下げる」，「ゴボウのあくを抜く」．したがって，(87a, b) 内の複合語は，「X の Y を (動詞)」の「Y ＋ 動詞」の部分が，述語として再分析されたものと考えられる．しかし，「全体 — 部分」の名詞句が，すべてこのような再分析を許すわけではない（ゴボウの皮をむく / *ゴボウを皮むきする）ので，(87) の例は語彙的にリストされたものだと言える．（この構文の詳細と，自動詞を含む例については，影山 (1999) を参照のこと．）

　以上，(80) の複合語は，動詞の連用形が主要部であるにもかかわらず，複合語全体は [− V] の名詞であるということがわかった．これらの事実から，日本語の (80) の複合語について，2.2 節で英語の動詞由来複合語に想定したような，V′ を含む構造が妥当であると思われる．ただし，日本語の場合は英語とは異なり，名詞化接辞が存在しないので，内項を含む複合語は次のような外心構造になる (Sugioka 1996, 2002)．

(88)
```
        N
        |
        V′
       / \
     Nᵢ   V x < yᵢ >
     ゴミ   ひろい
```

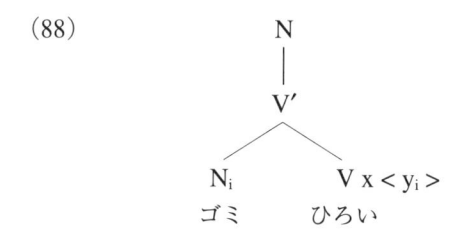

　この構造が含むV′は，語を形成することから，英語の場合と同様，語形成の制約（⇒ 1.2）によって，三叉構造が排除されたり（花に水をやる → (*花)水やり），助詞や指示詞などが排除される（*ゴミをひろい，*そのゴミひろい）．日本語では，語も句も右側が主要部なので，英語の場合（⇒ 2.2.2）と違って語順に変化はない．

　(88)のような構造を想定すると，内項と動詞がV′を形成し，そのV′が複合によって名詞として機能しているという，(80)の複合語の特徴をとらえることができる．その機能は，基本的には英語の場合（dish washing, taxi-driver）と同様に，「動作の名づけ」である．ただし英語の場合は，名詞化接辞がその意味を表示する（-ing は行為，-er は動作主，など）のに対して，日本語の動詞由来複合語は接辞がないので，動詞句の基本的な意味である行為や事象以外に，意味拡張によって(80a–f)に示したような「場所」などの意味をもつことができると考えられる．

　(88)の外心構造は，語形成として特異なものに見えるかもしれないが，(80)のように動詞と内項から成る複合語が，名詞として使われる例は，ロマンス系言語にも広く見られる．

(89)　フランス語　　essuie-glace「拭く–窓」: 窓を拭く道具
　　　イタリア語　　apri-porta「開ける–窓」: 窓を開ける道具
　　　スペイン語　　lanza-cohetes「発射する–ロケット」: ロケット発射台
　　　ポルトガル語　afia-lápis「削る–鉛筆」: 鉛筆削り

　これらの複合語も，名詞化接辞なしで，全体が名詞（道具や動作主）として用いられることから，(88)のような外心構造をもつと考えられる（Di

Sciullo and Williams 1987). また，動詞句の語順 (動詞+目的語) をそのまま保持していること，かなり生産的な語形成である点なども，日本語の場合と似ている．

3.3.2 付加詞を含む動詞由来複合語

ここまで，内項を含む動詞由来複合語が，動詞句を含む外心構造をもつということを述べた．このことは，内項以外の要素，つまり付加詞を含む複合語との対比を通して，よりはっきりと理解できる．（外項は 2.2.2 節で述べたように，動詞由来複合語の第一要素になれない．付加詞に降格した外項については，後述する．）次に示すように，さまざまな意味役割の付加詞が，動詞連用形と複合することができる．

(90) a. 道具：ワープロ書き，のり付け，機械編み，手作り，水洗い
    b. 様態：一人歩き，若死に，早食い，立ち読み，がぶ飲み
    c. 原因：船酔い，所帯やつれ，仕事疲れ，霜枯れ，飢え死に
    d. 結果状態：黒こげ，びしょ濡れ，薄切り，四つ割，白塗り
    e. 材料：石造り，板張り，木彫り，モヘア編み，毛織り

これらの複合語は，内項を含む (80a, b, e) と同様に，動作や状態の名前として名詞的に使われる場合もあるが，基本的には次に示すように，述語 (predicate) である．動作をあらわすものは「する」を伴って動詞として使われ ((91))，状態をあらわすものは「だ/の」を伴って状態述語として使われる ((92))．

(91) 動作：
    肌が<u>日焼け</u>する，街を<u>そぞろ歩き</u>する，部下が<u>早死に</u>する，切手を<u>のり付け</u>する，週刊誌を<u>立ち読み</u>する，ドレスを<u>手作り</u>する
(92) 状態：
    魚が<u>黒こげ</u>だ，服が<u>ずぶ濡れ</u>だ，この廊下は<u>板張り</u>だ，<u>レンガ作り</u>の倉庫，<u>黒塗り</u>の壁，<u>みじん切り</u>の野菜

(91) の複合語は「する」とあらわれるので，[+V] という性質をもつ動

作性名詞であると言える．つまり，これらの付加詞を含む複合語は，「ボール投げ」のような動作の名前とは異なり（⇒ (83)），述語だということである．しかし，付加詞を含む複合語がすべて [+ V] というわけではなく，上記 (92) の複合語の多くには，「する」がつかない．

(93)　*魚が黒こげする，*服がずぶ濡れする，*壁を黒塗りする

(91) と (92) の違いは，何に由来するのだろうか．(90) の複合語に「する」がつくかどうかを調べてみると，付加詞の種類が関係していることがわかる．(90a–c) のように道具，様態，原因をあらわす付加詞と複合している場合は，「する」がついて動作性名詞になるのに対して，(90d, e) の結果状態や材料の付加詞を含む複合語は，「だ」を伴って状態述語として使われることが多いのである．さらに，状態変化と使役変化をあらわす動詞では，複合語全体が [+ V] かどうかは，付加詞の種類によって異なることがわかる．同じタイプの動詞をベースとする複合語でも，「日焼けする / 黒こげだ」，「手作りする / 石造りだ」，「2 度塗りする / 黒塗りだ」のように，動作性名詞になったり，状態述語になったりする．このような事実は，動詞そのものではなく，どういう役割の付加詞が含まれるかによって，複合語の動詞性が決まっているということを示唆している．その理由を以下で詳しく見ていこう．

3.3.3　「付加詞 + 動詞」の複合と LCS

なぜ付加詞の種類が，複合語の動作性に影響するのであろうか．その答えは，動詞の LCS を見ることから導かれる（杉岡 1998; Sugioka 2001）．2.1 節でも見たように，動詞はその LCS において，基本述語に分解される．そして，付加詞はそのあらわす意味関係に基づいて，異なる基本述語を含む事象によって選択されていると考えられる．（金水 (1994) にもこれと近い考え方が述べられている．）すべてのタイプの基本述語を含む達成動詞の LCS（⇒ 2.1）にあてはめて，それぞれのレベルで選択される付加詞の種類を図示すると，次のようになる．

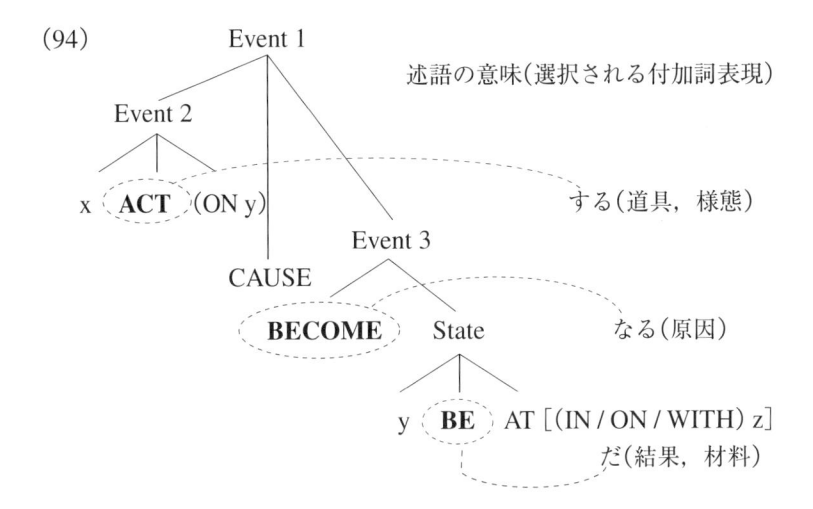

(94)　　　　　Event 1　　　述語の意味(選択される付加詞表現)
　　　　Event 2
　　x (ACT)(ON y)　　　　　　　　　　する(道具，様態)
　　　　　　　　　Event 3
　　　　　　CAUSE
　　　　　　　(BECOME) State　　　　　なる(原因)

　　　　　　　　　　　y (BE) AT [(IN / ON / WITH) z]
　　　　　　　　　　　　　　　　　　　　だ(結果，材料)

　この LCS に含まれる下位事象を，順番に見ていこう．Event 2 は 動作 (ACT: する)が基本述語で，動作を遂行するための道具(手段も含む)と，動作の様態をあらわす付加詞を選択する．Event 3 は，状態変化（BECOME: なる)を基本述語とし，その変化を引き起こす原因を付加詞として選択する．(後で詳しく見るように，「原因」は具体物の場合と事象の場合があり，事象の場合は Event 2 の述語に相当する．) そして，State は，状態 (BE: だ)を基本述語とし，結果状態を修飾する結果述語と材料を付加詞として選択する．

　このように，付加詞がその意味役割に基づいて，異なる下位事象の基本述語によって選択されると考えると，付加詞と動詞が複合するときに，動詞の LCS の中でその付加詞を選択する事象が取り立てられ，その事象の種類が複合語全体の意味，つまり動詞性を決定するという説明が可能になる．より具体的に見ていこう．

　まず，Event 2 から成る動詞(動作動詞)では，道具や様態をあらわす付加詞とともに，「ある手段で / ある様態で，〜する」という意味をもつ，次のような複合語ができる．

(95)　［道具 — ACT ON y］

水洗い,ブラシ洗い,雑巾ぶき,平手打ち,塩もみ
(96) [様態 — ACT (ON y)]
一人歩き,よちよち歩き,早歩き,ばか騒ぎ,大あばれ,立ち読み,がぶ飲み,つまみ洗い,べたぼめ,早食い

これらはすべて[+ V]であるので,「する」とあらわれるが(一人歩きする,水洗いする),それは道具や様態の付加詞を選択する Event 2 が,活動(activity)をあらわすので,その性質が複合語に反映されるからだ,と言うことができる.

次に,Event 3(状態変化)について見てみよう.(94)に示すように,Event 3 は BECOME を基本述語とし,さらに BE を述語とする結果状態(State)が埋め込まれている.この構造(「ある状態になる」)を具現化した状態変化動詞は,2つの事象から成る重層構造をもっているので,複合語も2つのレベルで形成されることになる.まず上位事象である Event 3 (BECOME)では,状態変化の原因をあらわす付加詞が選択され,「ある原因で〜になる」という意味をもつ,次のような複合語が観察される.

(97) [原因 — BECOME]
日焼け,雪焼け,船酔い,仕事疲れ,ビール太り,着ぶくれ,寝冷え

原因の付加詞には,「日焼け=日に焼ける」の「日(太陽)」のような具体物と,「着ぶくれ=着ることで太る」のような事象が含まれる.原因の事象は,(94)の図の Event 2 の述語にあたるものだと理解できるが,状態変化動詞は自動詞なので CAUSE を含まず,したがって原因事象も付加詞となると考えられる.

これらの複合語は,普通名詞として機能する以外に,動作動詞をベースとする(95),(96)の複合語と同じように,「する」を取ることができる.

(98) 毎日のテニスで,すっかり日焼けした.
寝冷えしないように布団をかけなさい.

状態変化「BECOME: なる」は,上記で見た動作動詞「ACT: する」と比

べて能動性は低いが，ともに Event を構成する述語として [+ V] の素性をもち，そのために「する」を取ることができると考えられる．「日焼けする」は動作ではなく，ある変化が起こることをあらわすのである．

一方，同じ状態変化をあらわす動詞でも，結果状態をあらわす付加詞と複合する場合は，下位事象である状態 (BE) の性質を反映し，「ある状態だ」という意味の，次のような複合語ができる．

(99) ［結果状態 — BE］
赤むけ，黒こげ，びしょ濡れ，こま切れ

ここで注目したいのは，これらが「する」ではなく「だ」を伴って述語を作る，つまり [− V] の述語名詞になっている点である(びしょ濡れだ/*びしょ濡れする，黒こげの魚/*黒こげした魚)．「びしょ濡れだ，黒こげだ」などは，動詞の LCS の中で State が選択する結果状態の付加詞を含む複合語であるので，複合語全体が [− V] の素性をもっていると考えられる．ここで重要なのは，付加詞が常に同じ事象に選択されるのではなく，それはあくまでも動詞との修飾関係によるという点である．たとえば，同じ「黒く」という付加詞でも，状態変化動詞を修飾すれば「黒くこげる → 黒こげだ」と結果状態をあらわすが，変化をあらわさない「光る」のような動詞の場合は，様態という解釈になり，複合語には「する」がつき，「黒く光る → 黒光りする」となる．

このように，状態変化動詞は，全体としては原因，結果という2種類の付加詞を，複合語の第一要素に取ることができるが，それぞれが異なる LCS 中の事象によって選択されることから，異なる素性の複合語が形成される．動詞由来複合語は，主要部がすべて動詞の連用形であるので，[+ V] [− V] の違いは形態にあらわれず，「日焼けする/黒こげだ」の違いは，付加詞の種類からしかわからない．このような一般化は，動詞を下位事象に分解する LCS のレベルを見ることで，はじめて可能になっているのである．

同様のことが，(94) で示した Event 1 全体を具現化する達成動詞においても観察できる．より厳密には，この種の動詞は，作成動詞(作る，書

く)と使役変化動詞(折る,切る)に分類でき,それぞれ選択する付加詞が,若干異なる.まず作成動詞について見よう.Event 2 (動作)が道具・様態を選択するのは他の動詞と共通だが,作成動詞の State は,材料を選択する.作成動詞は,ある産物を作り出すという動作をあらわしているので,そこに新たな修飾要素を加えるとすれば,その産物の組成(何でできているか)が,意味のある情報ということになる.その意味で,材料をあらわす付加詞は結果状態の一部であると考えられる.実際に例を見てみよう.

(100) ［道具 — ACT］
ペン書き,ワープロ書き,手作り,機械編み （する）
［様態 — ACT］
はしり書き,べた書き,にわか作り （する）

(101) ［材料 — BE］
石作り,木彫り,モヘア編み,毛織り （だ）

一方,使役変化動詞では,State は結果状態をあらわす付加詞を選択する.これは,作成動詞が「存在させる」という変化をあらわすので,結果状態が動詞自体によって特定されているのに対して,使役変化動詞は「すでにある対象を別の状態に変化させる」という意味をもち,結果状態を付加詞によって特定することが重要な情報となるからだと考えられる.使役変化動詞を含む複合語の例には,次のようなものがある.

(102) ［道具 — ACT-ON y］
オーブン焼き,機械切り,油いため,湯むき,酒蒸し （する）
［様態 — ACT-ON y］
蒸し焼き,二度塗り,下焼き,荒削り,空煎り （する）

(103) ［結果状態 — BE］
四つ割り,薄切り,輪切り,三つ折り,角刈り,白塗り,厚焼き,固ゆで,山積み （だ）

このように,作成動詞と使役変化動詞においても,状態変化動詞の場合と同じように,同じ動詞を含む複合語でも,付加詞の種類によって異なる動詞性をもつ複合語が作られる.(104)はそのような複合語の例である.

(104) a. 手作りする, にわか作りする / 石作りだ, レンガ作りの(倉庫)
b. 重ね切りする / みじん切りだ, 薄切りの(パン)
c. 下焼きする / 厚焼きだ, 薄焼きの(卵)

上記の例のうち, (104a)については, [+ V] の用法(手作りする)以外に, 述語名詞としての用法も観察される(手作りの人形). ただし, このような現象は, 道具・様態の付加詞が作成・使役変化動詞と複合した場合に限られる.

(105) ペン書きする / ペン書きの答案
肉を炭火焼きする / 炭火焼きの肉
(cf. 日焼けする / *日焼けの肌, 手洗いする / *手洗いのセーター)

これらの例は, 本来は Event 2 (動作)に焦点がある作成・使役変化のLCSにおいて, 結果事象に焦点を移動させる操作が働いていて, そのために, Event 2 (動作)によって選択されている道具が, あたかも結果事象を修飾しているかのような解釈が可能になっている, と考えられる. (この操作の詳細については, 杉岡 (1998), Sugioka (2001) を参照のこと.) この結果事象への焦点の移動というのは, 統語構造における受身に近い働きをしていると考えられ, 能動的な「ペン書きする(ペンで書く)」に対して, 「ペン書きの〜」は, 明らかに受身的な解釈(ペンで書かれた)をもっている.

実際に, これに対応する英語の動詞由来複合語では, 動詞が受動分詞になっている (pencil-written, charcoal-broiled). これは, 英語では, 2.2.2節で述べたように, 基体動詞の項構造が動詞由来複合語内で投射されなければならないので, 付加詞と他動詞の複合は受動分詞の場合にのみ可能になっているからである. これに対して, 日本語の場合は, 付加詞と動詞の複合はLCSのレベルでの述語の形成になっているので, 項構造の制約がなく, 受身が関与することはない. また, この種の複合は, 語彙レベルで起こっていると考えられるので, 受身形が複合語にあらわれること(*ペン書かれ, *手作られ)は, そもそもできないと考えられる. なお, 日本語の

他の語彙レベルの語形成でも，受身形はあらわれない(捨て子 / *捨てられ子).

　英語では，同じ理由から，動作主と受動分詞の複合も可能である(teacher-trained, government-approved). 日本語でこれに対応する表現があるとすれば，先ほど見た「ペン書き(だ)」のような結果状態に焦点が移動した複合語の第一要素に，動作主を入れたものということになる．しかし，そのような複合語は容認されない．

(106)　*母親作りのドレス　(cf. 手作りのドレス)
　　　　*職人焼きのピザ　(cf. 窯焼きのピザ)

「母親作り」が「母親によって作られた」という意味をもてないのは，LCSにおける動詞連用形との複合は「付加詞」に限られ，外項は排除されるからだと説明できる(杉岡 1998; Sugioka 2001). 英語の場合は，動詞が受身になっているので，動作主は外項から付加詞に降格している (be trained *by a teacher*). しかし，日本語の動詞由来複合語では，この受身という操作が関与せず，代わりにLCSでの結果状態への焦点の移動という操作があると考えられる．この操作は下位事象全体に対して働くので，受身の場合とは異なり，事象内の外項が付加詞に変化することはない．そのために，(106)のような例は日本語では容認されないと説明できるのである．なお，「親方仕込みのワザ」，「親ゆずりの頑固」のような例は，「親方から仕込んだ(仕込まれた)」，「親からゆずられた」という意味で，第一要素は外項というより，むしろ起点や場所(cf. ニューヨーク仕込みのダンス)の意味関係にあると考えられる．

　以上，付加詞を含む動詞由来複合語の用法について，詳しく考察してきた．その結果，付加詞を含む複合語の場合は，動詞のLCSの中の下位事象の種類（ACT / BECOME / BE）が，複合語全体の性質を決定することがわかった．これはすなわち，このタイプの複合語は項構造ではなく，LCSのレベルに言及することで初めてその性質がとらえられるということを，明確に示す証拠であると言えよう．

3.3.4 付加詞の複合と複雑述語形成

付加詞と動詞連用形の複合が，述語として用いられるということと，LCS というレベルの間には，密接な関係がある．つまり，内項の複合語（ゴミひろい）が，動詞句のあらわす動作（ゴミをひろう）に名前をつける働きをしていたのに対して，付加詞を含む複合語は，動詞に修飾要素を加えることで，複雑述語を形成する．たとえば，「よちよち歩き（する）」という例では，様態と動作が複合することで，より複雑な意味の動詞になっている．このように日本語では，複合という語形成が，動詞の語彙を豊富にする役割を担っている．対照的に英語では，基本動詞 walk, write に対して，toddle（よちよち歩き），stroll（そぞろ歩き），scribble（走り書き）など別個の動詞であらわしたり，glue（のり付け），mop（モップぶき）のように，2.3.1 節で述べた名詞転換動詞を使う場合が多く見られる．

このように，付加詞と動詞連用形の複合が 1 つの述語をなしているということは，複合語内の動詞の項のあらわれ方からも明らかである．次の例からもわかるように，複合語が「する」を伴って動詞として使われるときには，複合語内の動詞の項は，「複合語＋する」の項（下線部）としてあらわれることができる．

(107) 花子がアルバムに家族の写真をのり付けする．
次郎が答案をペン書きした．
コンビニで週刊誌をななめ読みしてきた．

これら下線部の名詞句は，複合語内の動詞の目的語であるが，この種の例は，2.2.2 節で見た英語の動詞由来複合語では，許されない（Selkirk (1982) など）．

(108) *fast-devouring of pasta, *pen-writing of the memo

これは，すでに見たように，英語の動詞由来複合語は動詞句内の必須項を含む，という条件があるためである．なお，英語には動詞由来複合語からの逆形成（back formation）によってできた複合動詞（hand-made → hand-make, spoon-fed → spoon-feed) が存在し，それらは目的語を取ることができるが (hand-make a toy)，これらは動詞由来複合語 (hand-made) が項を投射しているわけではない．これに対して，日本語の (107) のような例は，LCS における動詞の修飾による述語形成であるので，次の概念構造で図示するように，動詞の項 (x, y) は，そのまま項構造に投射され，複合語の外側にあらわれることができるのである．

(109) ななめ読み
(naname $_{Manner}$)-[x yomi y] → [x naname-yomi y]
ペン書き
(pen $_{Instrument}$)-[[x kaki] CAUSE [BECOME [y BE AT [IN WORLD]]]]
→ [[x pen-gaki] CAUSE [BECOME [y BE AT [IN WORLD]]]]

(109) が示しているのは，別の言い方をすれば，付加詞の複合において，複合する動詞の項構造は複合語にそのまま継承されるということである．これは，(88) で示したように，内項を含む複合語（ゴミひろい）が，複合語内で項構造を投射するのとは対照的である．これらの観察に基づいて，付加詞を含む動詞由来複合語の構造を次のように示すことができる．

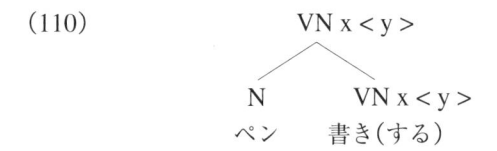

(110)　　　　　　VN x < y >
　　　　　　　／　＼
　　　　　　N　　VN x < y >
　　　　　ペン　　書き(する)

ここで VN というシンボルは Verbal Noun，つまり [+ V] 名詞のことで，LCS において動作（ACT）や変化（BECOME）を基本述語とする事象に選択された付加詞との複合では，このように動作性名詞が基体動詞の項構造を受け継ぎ，複合語全体にもそれが受け継がれるわけである．これに対して，LCS において状態（BE）をベースとする複合語の場合には，右側要素が述語名詞（N）であるため項構造をもたないので，複合語全体も項

構造をもたない．

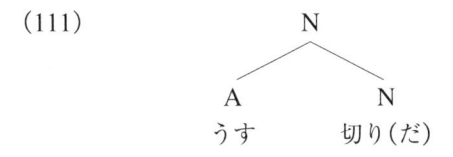

（111）
```
        N
       / \
      A   N
     うす  切り(だ)
```

さて，(110) と (111) の付加詞を含む複合語の構造は，右側要素が動作性名詞，状態述語と異なっているが，構造としてはどちらも右側が主要部であり，その素性がすべて複合語全体に受け継がれるという，内心構造を示している．これらは，最初に見た内項を含む複合語の構造 (112) (=(88)) と比べると，対照的である．

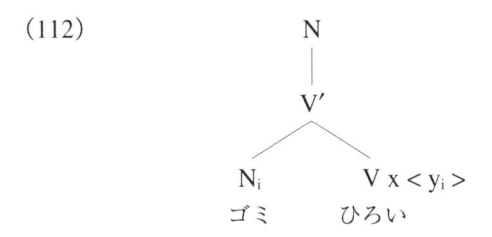

（112）
```
         N
         |
         V'
        / \
       Nᵢ   V x <yᵢ>
       ゴミ  ひろい
```

まず，内項の複合語が動詞句を形成するのに対して，付加詞の複合語は，動作性名詞もしくは述語名詞を形成する．これは，前者が動作の名づけであるのに対して，後者がより複雑な意味をもつ述語をあらわすという，その機能の違いを反映している．また，複合語の右側要素は，内項の複合語では動詞であるが，付加詞の複合語では名詞である．さらに，(110)，(111) が右側要素を主要部とする内心構造であるのに対して，(112) は外心構造である．

3.3.5　2種類の動詞由来複合語の音韻的な違い

以上のような構造の違いは，これら2種類の複合語の音韻に反映されている（Sugioka 1996, 2002）．第一に，これらの複合語には，アクセントの違いが見られる．スペースの都合から，ここでは主要部が2モーラ（2文

字)である場合に限定して話を進める．次に示すように，右側の動詞連用形が同じであるのに，内項を含む複合では，起伏型(真ん中が高い)であるのに対して，付加詞を含む複合では平板アクセント(最初のモーラ以外が高い)となっているケースが多い．(上線が，アクセントのあるモーラを示す．)

 (113) 内項： ほ̄ん̄みみ（本読み）
     付加詞： ぼーよ̄み̄（棒読み），た̄ち̄よ̄み̄（立ち読み）

基本的に日本語の複合語アクセント規則では，右側の要素のアクセントが保持される傾向が強い．それなのに，「読み」が(113)のように異なる複合語アクセントを示すのは，なぜだろうか．これは，動詞の連用形に次のような2種類の用法があり，そのアクセントが異なることに起因していると考えられる．

 (114) 不定詞(動詞)用法： 本を読みに行く よ̄みに
     名詞用法：   本の読みが浅い よみ̄が

つまり，動詞連用形を動詞として用いるときには，最初のモーラにアクセントがあり，名詞として用いるときには，後のモーラにアクセントがあるのである．ここで「本読み」と「棒読み」の構造の違いを思い出してみよう．内項の複合(112)では右側要素は動詞であるので，最初のモーラにアクセントがあり，付加詞の複合(110)では名詞なので，後のモーラにアクセントがあるということが，(114)に示した品詞の違いから予測される．そこから，(113)のようなアクセントの違いが，自然に導かれるのである．次の例も，同じパターンを示している．

 (115) a. 内項： 石蹴り い̄し̄けり （けりに行く）
      付加詞： 膝蹴り ひざげ̄り̄ （け̄り̄を入れる）
   b. 内項： 草取り く̄さ̄とり （とりに行く）
      付加詞： 横取り （よこど̄り̄） （と̄り̄をつとめる）

さらに，連用形の両方の用法で平板となる動詞もあるが(貸し：かしに行

く，かしがある)，その場合は，複合語も同じ平板アクセントを示す．

(116) 内項： 人買い(ひとかい)，金貸し(かねかし)
　　　 付加詞： まとめ買い(まとめがい)，また貸し(またがし)

このように，内項の複合と付加詞の複合に見られるアクセント・パターンの違いは，それぞれの構造における右側要素の品詞の違いから導くことができるのである．

2種類の複合が示すもう1つの音韻の違いは，連濁の有無である．日本語の複合語は，特に名詞が主要部の場合，その多くが連濁を示す(雨ガサ，捨て子(ご))．動詞由来複合語の場合，内項を含むものは連濁をほとんど示さないのに対して，付加詞の複合はほぼすべて連濁をするという，はっきりした傾向が見られる．たとえば，「手拭き」という例は，「てふき」と発音すれば「手を拭くもの」という内項の複合の意味をもつが，「てぶき」と連濁すれば，「手で拭く」という付加詞の複合の意味をもつ．これは，付加詞の複合が，一般の名詞の複合と同じように右側主要部の内心構造をもつのに対して，内項の複合が主要部をもたない外心構造をもつことによると考えられる．なぜなら，連濁は名詞の複合においても，右側が主要部であるときに起こる(里子(さとご)，苗木(なえぎ))のに対して，並列の複合(「○と○」の意味)では見られないからである(親子(おやこ)，草木(くさき))．内項の複合と付加詞の複合が，連濁において際だった違いを見せることは，次の例からもわかるだろう．

(117) 内項の複合 / 付加詞の複合
　　　 汗拭き，窓拭き(ふき) / 空拭き，モップ拭き(ぶき)
　　　 ふとん干し，もの干し(ほし) / 蔭干し(ぼし)
　　　 手紙書き，小説書き(かき) / 手書き，走り書き(がき)
　　　 パン切り，腹切り，缶切り(きり) / 厚切り，四つ切り(ぎり)
　　　 虫取り，点取り(とり) / 横取り，生け採り(どり)
　　　 牛飼い，羊飼い(かい) / 放し飼い，子飼い(がい)
　　　 ズボン吊り，首吊り(つり) / さかさ吊り，宙吊り(づり)
　　　 はえ叩き，肩叩き，もぐら叩き(たたき) / 袋叩き(だたき)

なお，右側要素が3モーラである場合は，「人殺し(ごろし)」，「米作り(づくり)」のように，内項でも連濁を示すものがある．これは，3モーラの場合，動詞連用形が単独で名詞として使われることが多い(殺し，作り)ので，右側要素が名詞として再解釈されているためと思われる．ただし，常に連濁するわけではなく，「鬼殺し(ころし)＝酒の名」，「壺作り(つくり)＝作る人」のような例もある．逆に，付加詞の複合で連濁していないケースはほとんど見つけられない(「ポイ捨て(すて)」は数少ない例外)．また，連濁は付加詞の複合語が示す平板アクセントに起因しているという説もあるが，(116)で見たように，2種類の複合が同じ平板アクセントを示す場合も，内項の複合では連濁しない(人買い(かい) / まとめ買い(がい)，金貸し(かし) / また貸し(がし))．したがって，アクセントと連濁は，2種類の複合の構造の違いに由来する独立した現象として取り扱うべきであると思われる．

以上，内項の複合と付加詞の複合が示す音韻的な違いが，内項の複合は右側要素が動詞で外心構造をもち，付加詞の複合は右側要素が名詞で内心構造をもつという，ここで述べてきた分析によって説明できるということを見てきた．

3.3.6　結果産物をあらわす動詞由来複合語

最後に，上記の2種類とは異なる構造をもつと考えられる，第三の種類の動詞由来複合語についても，ふれておきたい．次のような，内項と動詞連用形の複合で結果産物をあらわす複合語である．

(118)　梅干し，宛名書き，人相書き，効能書き，筋書き，野菜いため，卵焼き，石組み，らっきょう漬け，わさび漬け

これらは一見，内項の複合の一種であるように思えるが，その意味は「梅干し＝梅を干したもの」，「筋書き＝(芝居の)筋を書いたもの」というように，明らかに具体的な産物を指している．しかも，その意味はそれほど透明ではない．たとえば，「梅干し」は「干しブドウ，干し椎茸」とは異なり，単に梅を干しただけではなく，梅を紫蘇酢で漬け込んだものを指す．

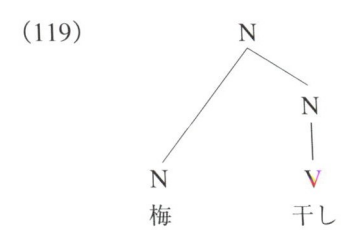

また，この種の複合語は右側要素が「書き」や料理方法など，一部の作成動詞に限られている傾向を示す．したがって，この種の結果産物をあらわす複合語は，産物の意味で語彙化した動詞連用形と名詞の複合と考えられる．

(119)
```
        N
       / \
      N   N
      |   |
      N   V
      梅  干し
```

音韻的には，これらは付加詞の複合と同じ平板アクセントと連濁を示す．たとえば「宛名書き」は，結果産物の意味では「あてながき」と発音される．(「あてなかき」と連濁せずに発音すれば，上で見たように「宛名を書くこと」という動作をあらわす外心構造の内項の複合語になる．) これは結果産物の複合語が，右側要素が名詞で内心構造をもつ普通の名詞複合語の構造 (119) をもつからだと説明できる．この種の複合語は，数も少なく，上に述べたように語彙化されているものが多いので，動詞由来複合語として含めるよりも，普通の名詞修飾と考えたほうがよいと思われる．よって，以下の議論には含めない．

3.3.7　2つのレベルでの複合語形成

これまで述べてきたことから，日本語の動詞由来複合語は，表面上はすべて「○○＋動詞連用形」と同じ形態をしているものの，動詞句への名づけの機能をもつ内項の複合(ボール投げ)と，複雑述語を形成する付加詞の複合(手書き，薄切り)に分類できることがわかった．ここにそれぞれの特徴をまとめておこう．

(120)

	内項の複合	付加詞の複合
例	ゴミひろい	手書き，薄切り
指示物	動作の名前	複雑述語(動作・状態)
品詞	普通名詞	動作性名詞，述語名詞
構造	外心構造	内心構造
連用形のアクセント	動詞アクセント	名詞アクセント
連濁	起こさない	起こす
レベル	項構造	LCS

　この対比で特に興味深いのは，内項の複合が，音韻的に「名詞＋動詞」というアクセントを保持し，連濁を起こさないという，独自の性質をもつ点である．第2章で，項構造レベルに位置する語形成規則は，LCSのものと比べて，意味的により規則的で音韻的にも「透明」だということを見た．内項の複合の特性は，このタイプの複合がLCSではなく，語彙的統語表示である項構造のレベルで形成されることに由来していると考えられる．

　さらに，この2種類の複合語形成に見られる生産性の違いも，レベルの違いからくるものであると言える．2.2.2節でも述べたように，内項の複合は非常に生産性が高く，新しい語が作られたときにそれを理解することも容易である．また，2.2.2節の「窓閉め」の例でも見たように，適当な文脈が与えられれば(「窓閉め」の場合は，(電車の)窓を閉めること)，「可能な語」が「実在の語」になることが容易である．次の例も，そのような形の造語だと言える．

(121)　超能力によるスプーン曲げ
　　　　無理な機首上げが，今回の飛行機事故を引き起こした．
　　　　(コンピュータの)プログラムのバグひろい
　　　　運動会の応援では，1年生が声出し，2年生が手叩きをする．
　　　　暴走族によるバイクのナンバー隠し

これは，内項の複合が動作(スプーンを曲げる，機首を上げる，バグを拾

また，この種の複合語は右側要素が「書き」や料理方法など，一部の作成動詞に限られている傾向を示す．したがって，この種の結果産物をあらわす複合語は，産物の意味で語彙化した動詞連用形と名詞の複合と考えられる．

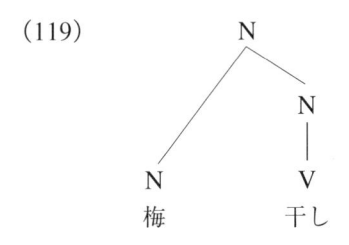

(119)
```
        N
       / \
      N   N̄
      |   |
      N   V
      梅  干し
```

音韻的には，これらは付加詞の複合と同じ平板アクセントと連濁を示す．たとえば「宛名書き」は，結果産物の意味では「あてながき」と発音される．(「あてなかき」と連濁せずに発音すれば，上で見たように「宛名を書くこと」という動作をあらわす外心構造の内項の複合語になる．) これは結果産物の複合語が，右側要素が名詞で内心構造をもつ普通の名詞複合語の構造 (119) をもつからだと説明できる．この種の複合語は，数も少なく，上に述べたように語彙化されているものが多いので，動詞由来複合語として含めるよりも，普通の名詞修飾と考えたほうがよいと思われる．よって，以下の議論には含めない．

3.3.7　2つのレベルでの複合語形成

これまで述べてきたことから，日本語の動詞由来複合語は，表面上はすべて「○○＋動詞連用形」と同じ形態をしているものの，動詞句への名づけの機能をもつ内項の複合(ボール投げ)と，複雑述語を形成する付加詞の複合(手書き，薄切り)に分類できることがわかった．ここにそれぞれの特徴をまとめておこう．

(120)

	内項の複合	付加詞の複合
例	ゴミひろい	手書き，薄切り
指示物	動作の名前	複雑述語(動作・状態)
品詞	普通名詞	動作性名詞，述語名詞
構造	外心構造	内心構造
連用形のアクセント	動詞アクセント	名詞アクセント
連濁	起こさない	起こす
レベル	項構造	LCS

この対比で特に興味深いのは，内項の複合が，音韻的に「名詞＋動詞」というアクセントを保持し，連濁を起こさないという，独自の性質をもつ点である．第2章で，項構造レベルに位置する語形成規則は，LCSのものと比べて，意味的により規則的で音韻的にも「透明」だということを見た．内項の複合の特性は，このタイプの複合がLCSではなく，語彙的統語表示である項構造のレベルで形成されることに由来していると考えられる．

さらに，この2種類の複合語形成に見られる生産性の違いも，レベルの違いからくるものであると言える．2.2.2節でも述べたように，内項の複合は非常に生産性が高く，新しい語が作られたときにそれを理解することも容易である．また，2.2.2節の「窓閉め」の例でも見たように，適当な文脈が与えられれば(「窓閉め」の場合は，(電車の)窓を閉めること)，「可能な語」が「実在の語」になることが容易である．次の例も，そのような形の造語だと言える．

(121)　超能力によるスプーン曲げ
　　　　無理な機首上げが，今回の飛行機事故を引き起こした．
　　　　(コンピュータの)プログラムのバグひろい
　　　　運動会の応援では，1年生が声出し，2年生が手叩きをする．
　　　　暴走族によるバイクのナンバー隠し

これは，内項の複合が動作(スプーンを曲げる，機首を上げる，バグを拾

う，など）の名づけであるので，語形成上の制約さえ満たせば，複合語による表現は規則的に可能だからだと言える．

これに対して付加詞の複合は，上でも述べたように，複雑述語としてレキシコンにリストされている．したがって，新しい語を作ることはあまりなく，たとえば，次のような「可能な語」を「実在の語」として使用することは，むずかしいだろう（# は実在しない語を示す）．

(122) 道具＋動詞：#車運び（車で運ぶ），#ハサミ切り（ハサミで切る）
　　　 様態＋動詞：#早喋り（早く喋る），#網採り（網で採る）
　　　 原因＋動詞：#仕事悩み（仕事で悩む），#雨濡れ（雨に濡れる）
　　　 結果＋動詞：#薄伸ばし（薄く伸ばす），#高積み（高く積む）

ただし，付加詞の複合にはまったく造語力がないかというと，そうではない．たしかに，内項の複合のように，まったく新しい語が作られることはまれであるが，次の例のような造語のケースが見られる．

(123) a. キャベツの百切り（粗い千切りの意味）　（沢木編 1989）
　　　 b. 立ち読み及び座り読みを禁ず（マンガ売場の掲示）
　　　　　　　　　　　　　　　　　　　　　　（佐竹編 1989）
　　　 c. このテープレコーダにはななめ聴きの機能がある．（早送りしながら聴くこと）
　　　 d. 最近は，片働きの世帯が減っている．（共働きではない）

ここで注意したいのは，これらの複合語は，必ず「千切り」，「立ち読み」，「ななめ読み」，「共働き」という既存の複合語からの類推によって，意味が理解されるという点である．つまり，これらは「付加詞＋動詞」という複合語規則ではなく，アナロジー（XY → ZY）によって作られた造語なのである．アナロジーでは，すでにあるものの一部が取り替えられて，新しい表現が作られる．たとえば (123a) の場合は，「千切り」の左側要素が入れ替えられて，「（それより粗いので）百切り」という表現が生まれたと考えられる．アナロジーは，英語の複合語にも見られる（plant-sit, cat-sit < baby-sit; chairperson < chairman; air-sick < sea-sick; seascape, cloudscape, waterscape < landscape). このようなアナロジーによる新語形成は，規則による新語形成とは明らかに質が異なっていて，「座り読み」，「ななめ聴き」の例に見られるように，そこには何らかの作為やわざとらしい感じがつきまとう．

　この節では，日本語の動詞由来複合語における内項の複合と付加詞の複合が，異なる性質と生産性をもつことを見てきた．そしてその意味特徴とふるまいの詳細な観察から，動詞由来複合語における内項の複合(ゴミひろい)と付加詞の複合(ペン書き)は，表面上はまったく同じに見える複合語形成だが，前者が項構造，後者が LCS という異なるレベルに属し，異なる構造的特性をもつことがわかった．内項の複合と付加詞の複合の特性には，項構造と LCS というレベルの違いが反映されている．次の節では，動詞の複合においても同種の観察ができることを見ていく．

3.4　日本語の複合動詞

　動詞を主要部とする複合語は，英語では 3.3.4 節でも述べたように，動詞由来複合語からの逆形成 (baby-sit, spoon-feed など) を除いて存在せず，「動詞＋動詞」に限れば，stir-fry (炒める)，tumble-dry (乾燥機で回して乾かす)，drip-dry (絞らずに干す) などの家事用語が数例あるぐらいで，ほとんど見あたらない．これとは対照的に，日本語では動詞と動詞の複合形(踏みつぶす，調べ尽くす，読み始める，など)は非常に数が多く，日本語の語彙のきわめて重要な部分を占めている．

　日本語の複合動詞についてはさまざまな研究がなされてきたが，特に影山 (1993) では，複合動詞が語彙的なものと統語的なものに分類できるという，たいへん興味深い考察結果が述べられている．ここでは，その概略を見ながら，文法および語彙表示のレベルと語形成の特徴の相関について考察していく．その過程で，語彙的な複合語の中にも語彙化の程度が異なるものが含まれることや，音韻の変化が見られることなどを指摘していきたい．

3.4.1 語彙的複合動詞と統語的複合動詞

まず，影山 (1993) による複合動詞の分類とその例を見よう．語彙的複合動詞は，2つの動詞が合わさって，ある動作を表現したものである．下の例からもわかるように，非常に多様な動詞が組み合わさっている．

(124) 語彙的複合動詞
暴れ狂う，抱き上げる，どなりつける，這い回る，跳ね上がる，張り裂ける，走り去る，引き延ばす，放り出す，吹き消す，踏み固める，振り切る，言い争う，買い集める，駆け寄る，突き刺す，組み入れる，見守る，流れつく，泣き明かす，ねじ曲げる，乗り越す，思い立つ

これに対して，統語的複合動詞は，右側の動詞が左側の動詞があらわす動作を補文として選択するので，右側要素は決まった動詞に限られる（詳しいリストは影山 (1993, 96) を参照）．

(125) 統語的複合動詞
読み始める，歌い終える，話し続ける，飲み過ぎる，取り損なう，ゆずり合う，動き出す，走りかける，食べまくる，やりぬく，書き直す，言い忘れる，住み慣れる

この2種類の複合動詞は，動詞が複合して1つの語をなしていて，形態的には違いがなく，どちらも同じように形態的緊密性 (⇒ 1.3) をもつ．したがって，動詞と動詞の間に助詞をはさむことができない（語彙的:＊どなりはつける，＊乗りさえ越す／統語的:＊読みは始める，＊飲みさえ過ぎる）．これに対して複合動詞ではない「もっていく，買いに行く」などは，両方の動詞の補語が文中にあらわれる（店に本をもっていく・買いに行く）ので，意味的には1つの述語を形成すると考えられるが，形態的には2語なので，助詞をはさむことができる (Matsumoto 1996)（もってはいく，買いにも行く）．複合動詞で「は」や「も」といった助詞を使う場合は，単純動詞の場合と同じく，「する」をつける（どなりつけはする，飲み過ぎさえする）．

（124）と（125）の複合動詞は，このように形態的には同じ性質をもつが，それ以外の点で非常に異なっている．そして，その違いは，（124）が語彙レベルに属する複合であり，（125）が統語レベルで形成される複合であることに起因している．まず，生産性であるが，統語的複合語は，意味的に可能な組み合わせであれば，必ず複合が可能である．たとえば，「始める」ことのできる動作であれば，「歩き始める，愛し始める，取り壊し始める」など，動詞を選ばない．これに対して，語彙的複合語には，意味的に可能だが存在しない語彙のギャップが多く存在する(叱りつける/#とがめつける，#おこりつける；叱り飛ばす/#どなり飛ばす，#おこり飛ばす；聞きかじる/#見かじる，#知りかじる，など)．この違いは，統語レベルで形成される複合動詞が，文の生成と同じ生産性をもつのに対して，語彙レベルの複合語はすべてレキシコンにリストされている，という違いに由来するものである．

3.4.2　統語的複合動詞の特徴

そこで，統語的複合語が，たしかに統語レベルの操作であるということを示す根拠を概観しよう．第一に，統語的複合語は，語の一部に照応形(代名詞)を含むことができないという制約に従わない．1.3節で見たように，語にはその一部を代名詞で置き換えられないという制約がある(兄は風呂好きだが，弟は*それ(＝風呂)嫌いだ)．この制約は，次に示すように，語彙的複合語((126))にはあてはまるが，統語的複合語((127))にはあてはまらない．

(126) a. *花子が笑い転げる横で，次郎もそうし転げた．(cf. そうした)
　　　 b. *そうし上げる，*そうし込む，*そうし取る，*そうし払う
(127) a. 先生がデザートを食べたので，皆もそうし(＝デザートを食べ)始めた．
　　　 b. そうし終える，そうしかける，そうし慣れる，そうし直す

語彙的複合語は，統語レベルでは一語としてしか扱われないので，統語レ

ベルの現象である照応は，複合語全体にしかかからない．たとえば，(126a)では，照応形は複合動詞「笑い転げる」の全体を指す「そうした」であって，「そうし転げる」とは言えない．しかし，統語的複合語の場合，(127a)は統語レベルで複合するので，照応化という統語操作が起こった後の要素(そうし)が「始める」と複合することができる．(「そうし始める」全体は，複合動詞ではない．影山 (1993, 80–83) を参照．)

さらに，統語的複合動詞は，統語レベルの操作である受身化や尊敬接辞付加が内部にあらわれることも指摘されている．これらは 3.2 節でも，「-方」接辞が統語レベルであることの根拠となった点である．次の，受身接辞や尊敬接辞を含む統語複合語の例 (128) は自然であるが，語彙的複合動詞の例は，容認されない ((129))．

(128) a. 世代を越えて読まれ続ける名著，倒されかけた選手
      b. お酒をお飲みになりすぎる，お話しになり終える
(129) a. *読まれ込む (cf. 読み込む)，*積まれ重なる (cf. 積み重なる)
      b. *お名前をお書きになり込む (cf. お書き込みになる)
         *お酒をお飲みになり歩く

このような観察は，統語的複合動詞の形成が，統語レベルにおける複合であることを示す，積極的な証拠と言える．

3.4.3　語彙的複合動詞の特徴

次に，語彙的複合語の語彙的な特徴について見てみよう．語彙的複合語の生産性については，語彙のギャップが見られることをすでに見たが，生産性と密接に関係している特徴として，意味の透明性もあげることができる．統語的複合語は，特定の複合が語彙化することはなく，常に意味の透明性が保たれているが，語彙的複合の場合はどうだろうか．語彙的複合動詞の意味の成り立ちは無秩序だということではなく，多くのものが次のような意味関係パターンのどれかに属することがわかっている（影山 1993; Matsumoto 1996）．

（130） a. 手段：折り曲げる，たたきつぶす，押し倒す，切り取る
b. 様態：泣き暮らす，駆け寄る，乱れ飛ぶ，飲み明かす
c. 原因：焼け死ぬ，崩れ落ちる，寝静まる，歩き疲れる
d. 並列：飛び跳ねる，光り輝く，慣れ親しむ，泣き叫ぶ
e. 補文：見逃す，売り急ぐ，乗りこなす，言い交す

ここにあげたような例は，意味の透明性がかなり高いように思われる．しかし，実際には，構成する2つの動詞の意味からは複合語の意味を予測できない場合も，数多く存在する．たとえば，「(非常事態が)もち上がる」という例（Tagashira and Hoff 1986）は，「起こる」という意味で，「もつ」と「上がる」という動詞の意味とは直接関係ない．「もち上がる」の本来の意味は，「(岩を)もち上げる」の自動詞形であるが，語彙化した意味は自動詞のみで，逆に「(非常事態を)起こす」という意味で「もち上げる」とは言えない．これ以外にも，「引っ越す」，「落ち着く」，「出し抜く」，「消し飛ぶ」など，動詞の意味と無関係ではないが意味の透明性がかなり下がるものや，さらに，「似合う」，「(料金を)立て替える」，「(仕事に)ありつく」，「(チップを)張り込む」など，完全にイディオム化したと思われるものもある．したがって，語彙的複合動詞には，本章で取り上げたさまざまな語彙的語形成でも見られたように，意味の透明性において，ある程度予測可能なものから，まったく予測できない語彙化したものまでの，さまざまな段階が見られると言える．

さらに音韻の面でも，統語的複合語には音韻的な変化を伴う複合は見られないが，語彙的複合語の場合は，「音便」の現象が見られる．音便とは，子音や母音の脱落で，動詞の活用などに見られる（書いた: kaki-ta → kai-ta）．複合語においては，撥音便（髪さし → かんざし），促音便（取り手 → 取っ手）が見られるが，これも3.3節の動詞由来複合語で取り上げた連濁と同様，複合という語形成に伴う音韻変化ととらえることができる．なお，複合動詞では，動詞由来複合語からの逆形成（後述）を除いて，連濁は基本的に見られない．これは，動詞複合語が，意味的には右側主要部と考えられる（影山1993）ものの，少なくとも形態的には「動詞＋動詞」という並列の構造を取るので，名詞の並列複合語（親子など）と同様，連濁の起

こる環境ではないと考えられる(Sugioka 1986)．そこで，音便の起こる複合動詞の例を見てみると，これらは語彙的複合動詞に限られることがわかる．

(131) a. 撥音便:
踏み切る → 踏ん切る，踏ん張る，踏んぞる，踏んづける
b. 促音便:
張りつける → 張っつける，引き込む → 引っ込む，引っ掻く，引っかかる，引っつく，引っつける，引っ張る，追っ払う，取っ組む，取っ払う，乗っ取る，酔っぱらう，突っ切る，ぶっ(打ち)倒す

統語的複合動詞においては，次の例からもわかるように，音韻的には音便が起こってもおかしくないケース(追いかける，吹ききる)でも，音便は起こらない(*追っかける，*吹っきる)．

(132) a. 刑事は犯人を追いかけた
統語的複合動詞 → (追い始めたの意味)　*追っかけた
(cf. 語彙的複合動詞: 追っかけた)
b. 楽士は笛を吹ききった
統語的複合動詞 → (吹き終わったの意味)　*吹っきる
(cf. 語彙的複合動詞: (田中は未練を)吹っきった)

このように，複合動詞における音便化は，語彙的なものに限られると言うことができる．

以上の観察は，音韻変化を伴う語形成はレベルが低い，つまり語彙的であるという一般化(⇒ 1.5)に合致している．すなわち，語彙的な語形成は意味的な透明性のみならず，音韻的透明性も低い傾向があると言える．また，次のような例は，語彙的複合動詞の中でも，さらに意味的透明性と音韻的透明性の相関が見られることを示唆している．語彙的複合動詞の中で，イディオム化が強い場合に音便化がより起こりやすいという傾向が見られるのである．

(133) a. 息を吹きかける(??吹っかける)/(語彙化) 喧嘩をふっかける
b. 白線の手前で踏み切る(??踏ん切る)/(語彙化) 計画の実施に踏ん切る
c. (語彙化のみ) 乗っ取る, 引っ越す, 突っ張る

もっとも, 音便はきわめて語彙的な現象で, 限られた複合語のみに起こるので, 語彙化していれば音便化するということではない(突っ放す/*突っ飛ばす, cf. ぶっ飛ばす).

3.4.4 語彙的複合語の項構造による制約

以上, 語彙的複合語には, 意味的にも音韻的にも透明性が低いものがあり, 語彙的な語形成の特徴が見られることを述べた. その一方で, すでに(130a–e)で見たように, 語彙的複合動詞の多くについては, 動詞間の意味関係パターンが限られている. しかも, 語彙的複合動詞の可能な組み合わせは, 動詞の項構造によって厳しく制限されていることがわかっている. 影山(1993)では,「他動性調和の原則」といって, 複合する動詞は, 外項の有無が一致しなくてはいけないという制約が提案されている. これは, 単純に他動詞, 自動詞の区別ではなく, 項構造のレベルで外項を取る他動詞あるいは非能格動詞と, 外項を取らない非対格動詞が複合できないことを予測する. 次に, 可能なパターンと不可能なパターンを示す.

(134) a. 可能: ねじ切る(他+他), 飛び跳ねる(非能+非能), 消え去る(非対+非対), 売り歩く(他+非能), (目を)泣きはらす(非能+他)
b. 不可能: *切り落ちる(他+非対), *滑り落とす(非対+他), *歩きぬれる(非能+非対), *ぬれ歩く(非対+非能)

この原則については, 反例が指摘されている(Matsumoto (1996)など). また, 由本(1996)は, 語彙的複合動詞における動詞の可能な組み合わせを記述するのには, それぞれの動詞のLCSがどのように合成されるかを明らかにする必要があると述べている. その詳細に立ち入ることはできな

いが，ここでは，本書のテーマである語形成の二面性という観点から，語彙的複合動詞の中核的なものとそうでないものを，項構造による制約によって区別できることを指摘しておきたい．

項構造による制約への反例の代表的なものは，他の複合語をもとにした派生と，構成要素の語彙化という要因を含んでいる．まず第一に，次にあげるような例は，対応する複合動詞からの自他交替と考えられる．

(135) 他＋非対：打ち上がる，突き刺さる，積み重なる，焼きつく，思い浮かぶ，入れ替わる
　　　非対＋他：(パソコンを)立ち上げる，舞い上げる，飛び散らす

たとえば「打ち上がる」という複合動詞は，「他動詞＋非対格動詞」の組み合わせなので，上記(134b)の例と同じく，本来は不可能なはずである．しかし，「(ボールを高く)打ち上げた(他動詞＋他動詞)」から，「上げる/上がる」という他動詞と自動詞の対応によって，「(ボールが高く)打ち上がった」という表現が生まれたと考えられる．逆に，自動詞から他動詞への変化は，それほど数が多くないようだが，「パソコンが立ち上がる(起動する)(非対格＋非対格)」から「パソコンを立ち上げる(非対格＋他動詞)」，「火花が飛び散る」から「火花を飛び散らす」などが可能である．

次に，以下のような反例は，意味的に強いつながりをもつ動詞との類推による造語のケースだと考えられる．

(136) 申し受ける，譲り受ける，飲みつぶれる　（他＋非対）
　　　　　　　　　　　　　　　　　　　　（Matsumoto 1996）

「申し受ける」，「譲り受ける」は，対立する概念の動詞ペア「渡す/受ける」に基づいており，「譲り渡す，申し渡す」からの類推によりできた表現だと考えられる．また「飲みつぶれる」の場合は，「酔いつぶれる(非対格＋非対格)」から，「酔う」と「飲む」の連関によって，類似表現としてできたと考えられる．

ここで「類推」という言葉を使ったが，(135)，(136)の例は，3.3.7節の「付加詞＋動詞」の複合語でも見られたアナロジー，すなわち，既存の

語に基づきその一部を変化させる（上げる → 上がる，受ける → 渡す）ことによる造語だと言うことができる．実際に，この類の項構造の制約への反例には，表現として少々おさまりの悪い感じがするものもあり，上記「舞い上げる」，「飛び散らす」，「飲みつぶれる」などは，容認はされるが辞典（『広辞苑』，『大辞林』）には記載されていない．

さらに，項構造による制約に対する反例には，3.3.3節で見た，動詞由来複合語からの逆形成によると思われるものも存在する．たとえば次のような例がそれにあたる．

(137) 着ぶくれる＜着ぶくれ，食いだおれる＜食い倒れ（他＋非対）
　　　 ねぼける＜寝ぼけ（非能＋非対）

「着ぶくれ」は「水ぶくれ」，「食いだおれ」は「ゆき倒れ」，「寝ぼけ」は「欲ぼけ」などと同じく，動詞由来複合語である．動詞由来複合語は，本来はそのままで動詞として活用することはなく，「する」をつけて使われるが（立ち読み → *立ち読む，cf. 立ち読みする），(137)の例は，例外的に動詞として使われるようになったものだと考えられる．逆形成による造語であることを示す1つの証拠は，これらの複合動詞が連濁を示すことである．すでに述べたように，複合動詞には連濁する例はきわめて少ないが，3.3.5節で見たように，付加詞を第一要素とする動詞由来複合語は，その多くが連濁を示す．したがって，(137)の複合動詞は，元の複合語の連濁を残したままで動詞になっているために連濁すると説明できるのである．

最後に，項構造による制約を示さない例には，語彙化して元の動詞の意味が薄れてしまったものがある．たとえば次のようなものである．

(138) 漏れ聞く（非対＋他）：「聞く」のへりくだった言い方
　　　 酔っ払う（非対＋他）：完全に酔う

以上，項構造による制約に対する反例には，既存語からのアナロジーや語彙化よるものが多く存在することを見た．繰り返し述べてきているように，アナロジーや語彙化は，ともに語彙的な語形成の特徴である．した

がって，このような反例の特徴は，語彙的複合動詞の項構造による制約の有効性を低めるものではなく，むしろ，語彙的複合動詞の中核部分とそうではない部分の存在を通して，この語形成の語彙的性質を指し示すものと言える．そして，ここでの考察から，語彙的複合動詞が本質的に動詞の項構造をベースとする語形成であることが，より明らかになったと思う．（項構造の一致に関する詳細な議論と形式化は，影山 (1993)，Matsumoto (1996)，由本 (1996)，影山・由本 (1997) を参照のこと.）

この節では，日本語の複合動詞の形成が，統語レベルと語彙レベルにまたがることを概観した．そして語彙レベルの複合動詞の中でも，語彙化のレベルが一様ではなく，意味や音韻の面での不透明さをより強くもつものが存在すること，また項構造の制約に従う中核的なものが多数を占める一方で，そこからのアナロジーによる造語と考えられる周辺的な例が，一部存在することを指摘した．

3.5 ま と め

この章では，機能的には同じ語形成でありながら，複数のレベルにまたがって存在するものについて見てきた．第1章で概観したように，生成文法における形態論の研究の成果として，ひと口に語形成と言っても，その中には異なる生産性や規則性をもつものがあり，それらを一律に扱うことが適切ではないことが明らかになってきた．その結果，語形成規則や特定の接辞の付加が，レベルによって順序づけされるべきだという仮説が立てられた．しかし，ここで見てきたように，特定の機能をもつ語形成過程が，必ずしも1つのレベルに属するのではない．つまり，同じ機能をもつ接辞であっても，場合によっては同じ接辞であっても，それが付加されるレベルによって，段階の異なる生産性，規則性を示す例が見られるのである．そして，生産性や規則性（逆に語彙的性質 (idiosyncrasy)）の観点から語形成を分類すると，基本的に制限のない生産性や規則性を示す語形成と，それ以外の段階的な生産性・語彙性を示すものに分けられることが明らかになったと言える．

たとえば英語の接辞による名詞化では，結果名詞 (building (建物)) の

ように，LCS のどの部分を取り立てて名詞にするかが語彙情報として指定されている語形成，および事象をあらわすが項構造を有さない単純事象名詞 (discussion on the issue) が，語彙的意味表示レベルで形成される．そして項構造レベルで形成される複雑事象名詞にも，-ing 以外の半生産的な接辞 (discussion of the issue) と，完全に生産的で透明性をもつ -ing 接辞 (entering of the city) との間に，項構造の受け継ぎ方などに違いが見られた．-ing 接辞は，さらに，句を名詞化する動名詞 (John's discussing the issue with Mary) という，統語的な語形成にも関わっている．また，2.2.1 節で見たように，of 句を伴う -er 名詞も複雑事象名詞と同じような性質を示す．

日本語の動詞連用形の名詞用法では，具体物をあらわす「包み，はかり」，単純事象名詞「争い，調べ」などは語彙的意味表示に基づき，生産性がかなり低い．これに対して，複合動詞の連用形「言い争い，取り調べ」などは，項構造を保持する複雑事象名詞だが，半生産的で語彙化も見られる．日本語の名詞化では，「－方」の接辞付加がきわめて高い生産性を有し，受身・使役化など統語操作の結果にも付加できるが，補語のあらわれ方は名詞修飾構造である．日本語にはさらに，句の内部構造を変えることなく付加する「［ピアノを習い］－たて(の子供)，［電車に傘を忘れ］－がち(だ)」のような名詞化接辞もある．

本章で見てきた動詞の名詞化と，2つの語彙表示レベル(語彙的意味表示 (LCS) と語彙的統語表示 (Argument Structure: AS)) の関係をまとめると，次ページの表1のようになる．このうち，(a–e) は語レベルの名詞化であり，(f, g) は句レベルのものである

さらに，これらの語形成は点線で示したように，必ずレキシコンにリストされる語を作る語形成過程 (Lexicon) と，規則で語を派生する過程 (Rule) とに，2分される．(ただし，1.4節と1.5節で述べたように，規則で派生される語が使用頻度が高い場合に語彙化されレキシコンに入る可能性は，常にある．) さて，この境界線が，ここで語彙的意味表示と呼んだ語彙概念構造 (LCS) と語彙的統語表示と呼んだ項構造 (AS) の境目とは，一致しないことに注意したい．項構造は，語彙情報と統語構造とを結

ぶ表示レベルであるので，項構造が関わる語形成には，レキシコンにリストされるもの (c) と規則によって生成されるもの (d, e) が混在するのである．また，レキシコンの語形成 (a–c) の中でも，(a, b) は (c) より語彙性が強い．つまり，表 1 の点線より下の規則による語形成 (d, e) は完全な規則性をもつのに対して，レキシコンの語形成 (a–c) には，段階的な規則性の違いが見られるのである．

表 1　動詞の名詞化とレベル

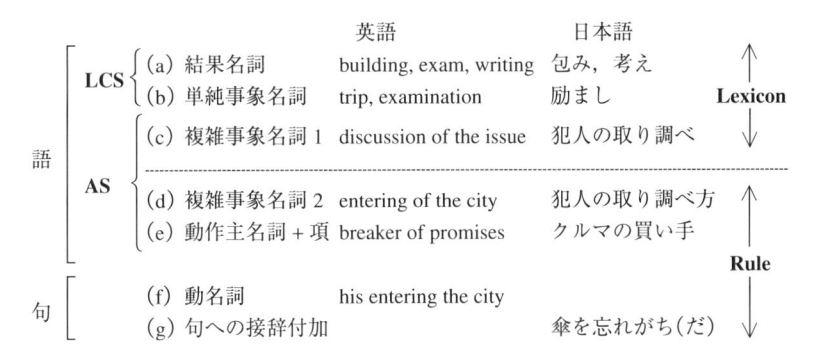

			英語	日本語	
語	LCS	(a) 結果名詞	building, exam, writing	包み，考え	↑ Lexicon ↓
		(b) 単純事象名詞	trip, examination	励まし	
	AS	(c) 複雑事象名詞 1	discussion of the issue	犯人の取り調べ	
		(d) 複雑事象名詞 2	entering of the city	犯人の取り調べ方	↑ Rule ↓
		(e) 動作主名詞 + 項	breaker of promises	クルマの買い手	
句		(f) 動名詞	his entering the city		
		(g) 句への接辞付加		傘を忘れがち(だ)	

ここで見てきた語形成のもう 1 つのタイプは，複合である．概念の合成という意味での複合は，複合語形成にとどまらず，第 2 章で取り上げた動詞の LCS への名詞概念の挿入をも含むと考えられるが，このタイプの語形成も，レベルの違いによる異なる段階の透明性と生産性をもつものに分かれる．まず，動詞の LCS テンプレートへの定項挿入として分析した -ize 付加 (civilize, hospitalize) や名詞転換動詞 (butter, jail, mop) は，語彙的意味表示における複合による述語の派生と考えることができる．また，複合ではないが，un- 接辞の付加 (unhappy, unchain) も，LCS 内の特定の関数 (AT) への意味操作ととらえられる．これらは，語彙的な語形成過程の中では，比較的生産性が高いものではあるが，語彙的ギャップがあり，意味も語用論的な制約によって決まるものが多い．日本語では，同じ LCS のレベルで付加詞と動詞からなる複合語が存在する (ばか騒ぎ，ペン書き，薄切り)．これらもまた，動詞に付加詞が複合することでより複

雑な述語が形成されるもので，半生産的で語彙化の対象となる．

　それに対して，項構造のレベルでの複合（dish washing（皿洗い），beer-drinker（酒飲み））は，複合する動詞と補語が形成する動詞句（動作・事象）に名前をつけるという働きをもつので，語形成であることからくる形態的な制約はあるが，それ以外では生産的で，意味も基本的に透明である．このように，概念の結合という意味での「複合」は，LCSのレベルでは述語が形成されるのに対して，項構造のレベルでは，動詞と項の複合によって動作に言及する語が形成される．前者はレキシコンにリストされる語であるが，後者は，「動作の名づけ」という文脈に依存した生産性をもちうるので，レキシコンにリストされない場合もある．さらに，動詞の複合には，項構造のレベルで制約を受け，かつ語彙的な性質を強く示す語彙的複合動詞（切り取る，張っつける）と，動詞句をスコープとする生産的な統語的複合動詞（（本を）読み始める，（学校へ）行き続ける）が存在する．したがって，概念の複合をつかさどる語形成もまた，表2にまとめたように異なるレベルに存在し，異なる生産性と意味の透明性をもつと言える．

表2　概念の複合による語形成とレベル

		英語	日本語	
語	LCS	派生動詞（civilize, to mop） un-付加（unhappy, unchain）	付加詞複合語　（手書き，薄切り）	↑ Lexicon ↓
	AS		語彙的複合動詞　（取り外す）	
		動詞由来複合語 　　（dish washing）	内項複合語　（皿洗い）	↑ Rule ↓
句			統語的複合動詞　（（雨が降り） 　　　　　　　　始める）	

　このように，品詞だけ変更する語形成（表1）と，概念の合成を行うもの（表2）の両者において，生産性・意味の透明性が段階的に異なる過程が存在することが，英語と日本語のさまざまな語形成の考察から明らかになった．（第4章で取り上げる名詞化接辞「－み」と「－さ」は表1のタイプ，

使役化接辞「−させ」は表2のタイプに属するものである．）第2章と第3章では，その生産性や意味の透明性の段階に関与するレベルとして，項構造とLCSとの違いに焦点をあてて見てきたが，その検証の結果，表の点線で示したように，項構造レベルの語形成中に，さらに完全な規則性をもつものと，そうでないものとの境界があることがわかった．そして，その境界は，母語話者の記憶装置であるレキシコンと，語レベルでの演算処理を行う規則との違いとして位置づけることができる．次の第4章では，この区別を語形成に関わる心的メカニズムの観点から取り上げる．

第4章　語形成の心的メカニズム

　語形成は，語彙性と規則性の二面性をもつ．「語」は文や句とは異なり，レキシコンに記憶として蓄えられるものであり，そのため個々の語固有の特異性をもちやすい．これが語彙性である．しかし，完全に特異な性質ばかりかと言えばそうではなく，形態素に分解して分析をすれば，その成り立ちについて予測可能な面，すなわち規則性が見られる．第3章では，同じ機能をもちながら，規則性・生産性のほうにより傾斜した語形成と，逆に語彙的な側面に傾いた語形成とが，異なる性質を示すこと，それが異なるレベルで分析することによってうまく説明できることを見てきた．本章では，少し視点を変えて，この二面性がどのような心的メカニズムに支えられているのか，さらにはそれがどのような脳内メカニズムに支えられるものであるのかを考えていくことにする．

4.1　屈折接辞の生産性: 規則と連想記憶

4.1.1　二重メカニズム仮説

　動詞の過去形などの屈折変化について，習得過程の子供が，不規則活用をすべき語にまで規則活用を過剰一般化する (overregularize) ことが知られている．たとえば，went の代わりに goed, held の代わりに holded と発話するような例である．子供が周囲の大人から受ける言語刺激の中には，goed や holded などの形は含まれないと考えられることから，このような過剰一般化は，子供が言語を単なるデータの集積としてではなく，規則の体系として習得するということの証拠であると考えられてきた．耳

にしたデータを1つ1つ記憶し，記憶されたものだけを用いるのであれば，このような発話は出現しないはずであり，与えられたデータから規則性 (regularity) を抽出し，それを規則 (rule) として go, hold といった不規則活用の動詞にまで過剰適用してしまったと考えることによってのみ，このような発話が説明できるからである．

ところが，Bybee and Slobin (1982), Bybee and Moder (1983) らの研究によって，いわゆる不規則活用の過剰適用も見られることがわかった．周知のように，英語の過去形の不規則活用は，不規則といっても，音韻的に見ていくつかのパターンに分類できる (swing / swung, wring / wrung, cling / clung; keep / kept, sleep / slept, sweep / swept; grow / grew, throw / threw, blow / blew; hit / hit, knit / knit, split / split). このようなパターンは，-ed の付加とは異なり，完全な規則とは言えない．-ed 付加が，不規則活用動詞以外のすべてに無条件に適用できる規則であるのに対し，上述のパターンは，音韻上類似する場合にのみ適用される(たとえば，swing / swung のパターンに見られる [ɪ] と [ʌ] の交替は，語末子音が軟口蓋鼻音を含む ([ŋ] または [ŋk] となる)という共通点をもつ語にほぼ限られる)．しかも，bring の過去形は brung ではなく brought であるし，flow の過去形は flew ではなく flowed であるというように，パターンに合致する語であっても例外が多く存在する．したがって，このようなパターンに属すことが有標 (marked) であると考えられる．Bybee らの実験では，このように完全な規則とは言えない不規則活用のパターンにも，過剰適用が観察された．たとえば，bring の過去形として brung が，glow, flow の過去形として glew, flew が，また lean, heap の過去形として lent, hept が，被験者により産出されたのである．

このような事実は，規則形は生産的な規則あるいは計算処理によって，他方，不規則形は記憶によって産出・処理されるという，単純な二分法に疑問を投げかけることになる．単なる記憶によるものであれば，不規則活用の過剰適用などありえないはずだからである．

このように，過剰適用は規則形と不規則形に共通して観察されるため，必ずしも完全に生産的な規則が用いられている証拠とはならず，規則と記

憶という単純な二項対立の考え方は不十分であることがわかる．しかし，他方，子供の文法においても規則形と不規則形とが異なるメカニズムによって産出・処理されていることを示唆すると考えられる証拠の存在が，以下に紹介する Gordon (1985) の研究で指摘されている．

大人の文法において活用形が複合語内にあらわれる可能性について，(1)に示すような規則形と不規則形との対比が指摘されている．Kiparsky (1982) は「レベル順序づけ」（⇒ 1.5）の考え方を屈折と複合に拡張し，不規則形の屈折 (tooth / teeth) はレベル I，複合語形成はレベル II，規則形の屈折はレベル III で適用されると考えることで，この事実を説明している．

(1) a. teeth-mark, mice-infested, men-bashing
    b. *claws-mark, *rats-infested, *guys-bashing

実際には，(2)のような規則形の複数形を内部に取り込んだ複合語が，しばしば観察される．

(2) nuclear-weapons technology, International Hotels and Restaurants Association, sales reports, war crimes suspect

にもかかわらず，(1)の対比は母語話者の判断として明確であり，(2)のような例は，何らかの理由で例外的に用いられていると考えられる．

Gordon (1985) は3歳から5歳の被験者に対する実験で，(1)のような対比が子供の文法にも観察されることを示した．実験では，まず人形を用いて「X を好んで食べるものを X-eater と呼ぶ」と教えたあと，(3a)のような形で X-eater の形の複合語を産出できるよう練習させた．この段階では，X はすべて不可算名詞 (rice, corn, wood など) を用いている．その後，X を (3b) のように不規則形の複数形 (mice, men, teeth, feet, geese など) とする質問と，(3c) のように規則形の複数形 (rats, babies, beads, hands, ducks など) とする質問をし，被験者に X-eater の形を産出させた．

(3) a. What do you call someone who eats rice?

　　　　　Answer: rice-eater
　　　b. What do you call someone who eats mice?
　　　c. What do you call someone who eats rats?

　(3b) のタイプの質問に対しては，被験者は 90.0% という高率で複数形を取り込んだ形 (e.g. mice-eater) を産出し，残り 10% が単数形を取り込んだ形 (e.g. mouse-eater) であった．これに対し，(3c) のタイプの質問では 98.2% が単数形を取り込んだ形 (e.g. rat-eater) の産出で，複数形を取り込んだ形 (e.g. rats-eater) を産出した例は 1.8% にすぎなかった．つまり，子供は 3〜5 歳という年齢ですでに，(1) に示したような対比があることを知っていることになる．

　(1a) のタイプの複合語は，実際には多用されるものではなく，現実に子供が接するデータの中に，このタイプの複合語がそのパターンを学習するに足りるほど多く存在するとは考えにくい．また逆に，現実に接するデータの中には，(2) のような例外的に規則形の複数形が取り込まれた複合語が存在する可能性もある．実際，不規則活用の名詞は数が非常に限られるため，ランダムに雑誌などから例を収集すると，(1a) よりも (2) のタイプの複合語のほうがはるかに高い頻度で見つかる．したがって，子供が mice-eater を産出し，*rats-eater を産出しない理由は，日ごろ接しているデータにあるとは考えられない．Gordon の実験結果は，レキシコンの生得的な構造によるものであると考えられるのである．

　このように，規則形と不規則形との間には，何らかの生得的な特性に起因する差異が存在することがわかる．さらに，子供の自然発話コーパスの分析 (Xu and Pinker 1995) によれば，不規則活用パターンの過剰適用の発生率は約 0.23% で，規則活用の過剰一般化に比して 10 分の 1 以下であることもわかっている．過剰適用が可能であるという面で共通するからというだけの理由で，両者が同一のメカニズムで産出・処理されると考えるのは無理がある，ということになる．したがって，規則形と不規則形の違いをとらえ，しかも規則形だけでなく不規則形にも過剰適用を許すようなレキシコンのメカニズムが必要となる．このような問題意識から，Pinker

を中心とする一連の研究(全体像としては,Pinker (1991, 1999), Pinker and Prince (1991)を参照)は,計算処理 (computation) に基盤をおく完全に生産的な規則と,連想記憶 (associative memory) に基盤をおくアナロジー,そして機械的記憶 (rote memory) という3つの異なるメカニズムが,活用形の処理・産出に関与しているとする説を提案している.

　まず,規則形(過去形の -ed,3人称単数現在の -(e)s,現在分詞の -ing,比較級・最上級の -er / -est,複数形の -(e)s などの付加)は完全に生産的で,規則によって産出・処理される.その背後には,計算処理が働いているものと考えられる.この規則は,デフォルト規則として適用される.すなわち,この規則の例外であることが指定されている有標の語彙項目以外のすべてに,おしなべて適用される.したがって,同じ規則が適用される他の語彙項目に(音韻的その他何らかの意味で)類似しているか否かに,規則の適用は依存しない.また,完全に生産的な計算処理なので,規則の適用可能性が頻度に依存することもない.規則活用の過剰適用(過剰一般化)においても,この頻度と類似性に依存しないという性質が見られる.たとえば,-ing という語末をもつ規則活用動詞は,ほとんど存在しない(ほとんどすべて,swing / swung あるいは sing / sang の不規則活用パターンに属す)ため,-inged という形の過去形はほとんど存在しない.しかし,類似パターンがないにもかかわらず,bring の過去形として bringed が産出されるといった過剰一般化が観察されるのである.

　これに対して,不規則活用 (e.g. swing / swung, keep / kept, mouse / mice) は,各ペアが,相互に音韻的その他何らかの意味で類似しているもの同士が,ネットワーク的に関連づけられた形で連想記憶にリストされると考える.リストされたものが,上記のデフォルト規則の例外として有標となる.記憶に蓄えられるものであるから,リストされるか否かは頻度に依存する.いったん連想記憶にリストされると,その連想がいわば拡張されるかたちで,本来そのパターンに属さない語彙項目にアナロジーによってパターンをあてはめてしまうこともある.このアナロジーによって過剰適用が起こる.ただし,連想記憶はあくまで類似しているパターン同士を連想に基づいてリストするものであるから,その拡張としてのアナロジー

の適用可能性は，類似性に依存する．既存の不規則活用パターン（swing / swung）に類似する場合にのみ，過剰適用（bring / brung）が起こるのである．この点で，同じ「過剰適用」であっても，不規則形の過剰適用は規則形の過剰一般化とは性格が異なることになる．

最後に，完全に不規則な活用形で類似パターンをもたない補充形（suppletion: e.g. go / went, do / did）は，各ペアが1組ずつばらばらに機械的記憶に蓄えられていると考える．他のペアと関連づけられない記憶であるから，アナロジーの基盤になることはない．

以上の三分法をまとめると，表1のようになる．

表1 屈折形態論の三分法（Pinker and Prince 1991）

	実在語処理の心的メカニズム	新語処理の心的メカニズム	特徴	レキシコンへのリスト
規則活用 walk / walked	デフォルト規則による演算処理	規則の適用	頻度・類似性に依存しない	規則の出力はリストされない
不規則活用 keep / kept	連想記憶	アナロジー	頻度・類似性に依存する	ネットワーク的リスト
補充形 go / went	機械的記憶	なし	頻度に依存する	個々のペアでリストされる

この三分法のうち，補充形が機械的記憶にリストされることで産出・処理されるという点については議論の余地がないので，検討の射程からはずれるため，このPinkerらの心的メカニズムのモデルは一般に，「二重メカニズム」（Dual Mechanism: DM）モデルと呼ばれる．以下，不規則形と規則形の相違をこのような形でとらえることを支持すると考えられる言語事実と心理言語学的実験の結果を，Pinkerらの研究を中心にいくつか紹介する．

4.1.2 頻度への依存

英語の動詞の不規則形は，頻度の高い基礎動詞がほとんどであるが，これは，連想記憶にリストされるには頻度の高さが必要であるためと考えら

れる．歴史的に不規則活用から規則活用へと移行する動詞に，現代英語における頻度の低いものが多い（e.g. slew → slayed, clove → cleaved）ことも，この考えを支持する．

さらに，Pinker and Prince（1991, 235）は次のような興味深い例をあげている．

（4） a.　I don't know how she bears the guy.
　　　　??I don't know how she bore the guy.
　　 b.　I don't know how he can afford it.
　　　　I don't know how he afforded it.

（4）のような用法の bear, afford という動詞は，動詞自体の頻度は特に低くはないが，その過去形の頻度はいちじるしく低い．ほとんどの場合，can / can't などの助動詞と共起し，原形で用いられるからである．無理に過去形になるような文を作ると，bore の容認度はかなり低いのに対し，afforded は容認度が下がることはない．この対比は，bore の容認度の低さが，単に普段過去形で使わないものを過去形にしたことに起因するものではないことを示している．bore のような不規則形の使用が，afforded のような規則形とは異なり，頻度（過去形のトークン頻度）に依存していると考えることで，このような差が説明できる．

また，逆形成（backformation）による英語の複合動詞の活用についても，同様のことが言える．英語には，複合動詞を作る生産的な複合語形成は存在せず，-ing や -er を伴う動詞由来複合語（⇒ 2.2.2）からの逆形成によって，例外的に複合動詞が作られる．sight-seeing, baby-sitter などから，sight-see, baby-sit などの動詞が作られるのである．このような複合語は，動詞としてはまず -ing 形が定着し，その後原形が用いられるようになるが，過去形ではほとんど用いられないものが多い．それをあえて過去形にした場合，次のような容認度の対比が観察される．（cf. 島村 1990, 第6章）

（5） a.　gate-crashed, gift-wrapped, daydreamed
　　 b. ??sight-saw, ??ghost-wrote, ??daydreamt

これも，不規則形の容認度が頻度に依存するのに対し，規則形は頻度が低くても常に生産的に用いられると考えることで説明できるであろう．また，同じ不規則活用でも，type-written, spoon-fed などの分詞形容詞形として定着したものは問題なく用いられており，この点でも，不規則形の容認度が頻度に依存していることがわかる．

また，成人の英語母語話者を被験者とする実験で，Ullman (1999) は，不規則活用形の容認度が頻度に依存することを示している．この実験では，shoot, wring, crush, sop といった実在の動詞について，その原形と過去形の容認度を7段階で被験者に評価させている．原形の容認度が影響しない形で統計をとった結果，過去形の容認度について規則活用動詞では過去形の頻度が影響しないが，不規則活用動詞では過去形の頻度の低さが，過去形の容認度の低さと相関していることが判明している．ここでも，不規則活用の場合のみ，頻度が関与していることがわかる．

4.1.3 類似性への依存

規則形も不規則形も，過剰適用が見られることはすでに述べたとおりだが，DM 仮説を採ると，不規則形の過剰適用は，類似パターンを関連づけて記憶にリストした連想記憶に基盤をおくアナロジーによるものと考えられるため，規則形の場合とは異なり，類似性に依存するものと予測される．この予測を裏づける実験として，成人の英語の母語話者を被験者とする実験が，Prasada and Pinker (1993) によって報告されている．現実には存在しない実験用の新語動詞について，その過去形がどれだけ自然であるかを判定させる実験と，新語動詞を与えてその過去形を産出させる実験とが行われている．どちらの実験においても，不規則形の過去形が自然であると判定されたり産出されたりするのは，与えられた新語が実在語の不規則形のパターンに類似している場合に限られることが判明している．swing / swung のようなパターンを例にとると，新語が典型的な音韻パターンに合う形 (e.g. sprink) であれば，その過去形として不規則形 (sprunk) が好まれるが，パターンからはずれた形 (e.g. blip) であると，不規則形 (blup) は不自然であると判定され，ほとんど産出されない．不規則形と

は対照的に，規則形の自然さの判定や産出の場合は実在語との類似に左右されないことが，同じ実験で確認されている．英語の実在語には見られない ploamph といった形の新語を与えても，その過去形としての規則形 ploamphed は自然であると判定され，産出されたのである．

また，Ullman (1999) の実験 ($\Rightarrow$ 4.1.2) でも，類似性が不規則活用にのみ関与することが示されている．原形と過去形との容認度評価実験で，不規則活用では，過去形(たとえば blow の過去の blew) の容認度が，同じパターンの語 (throw / threw, grow / grew など)の数と相関関係を示すのに対し，規則活用では，たとえば walked の容認度は stalked, balked といった同じ音韻パターンの語の数には無関係であることがわかっている．

4.1.4　デフォルトとしての適用

不規則形の活用をする動詞が品詞転換を経て新たな動詞を作る場合，その動詞が規則形の活用になることが以前から指摘されている（cf. Kiparsky 1982）．

(6)　a.　He flied / *flew out to center field.
　　　b.　He grandstanded / *grandstood to the crowd.

(6a) の fly は，「飛ぶ」の意味の動詞から「(野球の)フライ」という名詞に品詞転換し，さらにもう一度動詞に品詞転換して，「フライを打ち上げる」という意味になっている．(6b) も同様に，動詞から派生した名詞 stand (観客席)が複合語 grandstand (特別観客席)になり，それが品詞転換して「スタンドプレーをする」という意味の動詞になっている．このような場合，本来の動詞のもつ不規則形 (flew, grandstood) は容認されず，規則形が用いられる．このような言語事実は，不規則活用であると指定された有標の語以外のすべての語に，規則形を産出する規則がおしなべて適用される，つまり規則がデフォルトとしての性質をもつと考えることで，以下のように説明できる．

派生した動詞は次のような内部構造をもっていると考えられる．

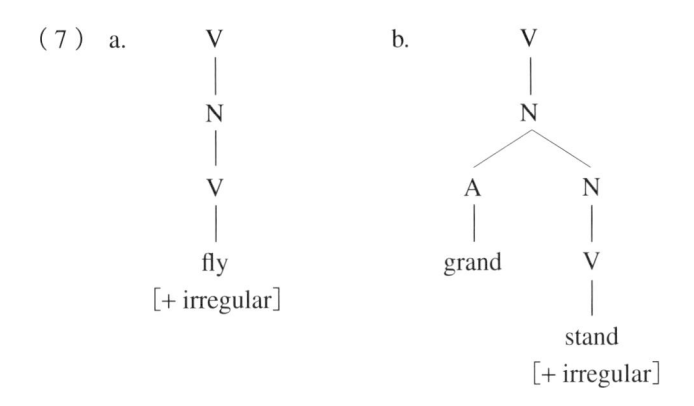

(7) a.
```
      V
      |
      N
      |
      V
      |
     fly
 [+ irregular]
```
b.
```
        V
        |
        N
       / \
      A   N
      |   |
    grand V
          |
        stand
     [+ irregular]
```

fly, stand という動詞は，それぞれ不規則活用をする点で有標であり，それを示す素性（[+ irregular]）をもっている．しかし，これらの動詞は，名詞に品詞転換が行われて外心構造（⇒ 1. 2）となるため，主要部でない動詞の素性は N より上には浸透していかない．（名詞が「不規則の過去形をもつ」という素性を仮にもっても，それは無意味であろう．）したがって，再度の品詞転換を経て形成される V は [+ irregular] の素性をもっておらず，活用形については無標であるため不規則形とはならず，無標の動詞におしなべて適用されるデフォルトとしての -ed 付加が適用されて，規則形が用いられることになる．

このような実在語の場合には，品詞転換された結果が，[+ irregular] の素性の有無とともにレキシコンにリストされているという可能性も考えられるが，Kim et al. (1991) は大人の被験者に対する実験で，また Kim et al. (1994) は子供を対象とする実験で，それぞれ実在しない実験用の新語についても同様の議論が成立することを示している．[+ irregular] の素性をもつ動詞（たとえば drive）を中に含む形の新語動詞（たとえば line-drive）を作り，中に含まれる動詞が主要部であると解釈される場合（"to drive along a straight line" の意味に解釈されるコンテクストで与えた line-drive）と，動詞から名詞に品詞転換した外心構造をもつと理解される場合（"to hit a line drive" の意味に解釈されるコンテクストで与えた line-drive）とで，その過去形の選択に違いがあるか否かを見る実験である．大人も子供も，

前者のコンテクストにおいては，不規則形 (line-drove) のほうが自然であると判断したのに対し，後者のコンテクストでは，規則形 (line-drived) のほうが自然であると判断している．実験用の新語では，[+ irregular] の素性の有無がレキシコンにリストされているということは考えられないので，このような実験結果は，上述のデフォルト規則の考え方によってのみ説明されると考えられる．

4.1.5 リスト

　デフォルト規則は「オンライン」で演算処理されるため，その出力がレキシコンにリストされる必要がない．このことが，4.1.1 節で見た Gordon の実験結果を説明してくれる．複合語形成は，レキシコンにリストされている語彙項目を 2 つ取り出して，複合する操作である ($\Rightarrow$ 1.2, 2.2.2)．したがって，レキシコンにリストされていない規則活用形は，複合語形成の入力となりえない．それに対し，活用形であっても不規則形はリストされているので，複合語の入力となりうる．従来，(1) のような事実は，Kiparsky らのレベル順序づけの制約によって説明されると考えられてきており，Gordon の実験はこれが生得的な制約であることを示したものであるが，語形成プロセスのレベルごとの順序づけが生得的であると言っても，なぜそうなのかという疑問が残る．これに対して，DM モデルを採れば，出力をリストしないデフォルト規則適用と，ネットワーク的連想記憶という形でレキシコンにリストされる不規則活用という，心的メカニズムの違いから，規則活用形が複合語に含まれえないことが必然的な結果として導き出されるのである．

　また，レキシコンへのリストの有無は，心理学的な見地からプライミング (priming) という手法を用いた実験で検証されている．プライミングというのは，ある語(プライム)を見たり聞いたりした後で，特定の語(ターゲット)がその言語に存在する単語であるか否かを被験者に判断してもらう，語彙判断 (lexical decision; 英語なら英語の単語であることを判断して YES のボタンを押す)実験である．たとえば，hospital という語(プライム)を聞いた後で nurse (ターゲット)を聞いた被験者と，関係ない語(た

とえば table）の後で nurse（ターゲット）を聞いた被験者とでは，nurse という語の語彙判断にかかる時間が，前者のほうが有意に短い．これは，人がある単語を見たり聞いたりした場合に，その語だけでなく，その語に関連する語が連動して活性化されるという，心的メカニズムの反映であると考えられている．プライムを聞いた時点でターゲットも活性化されるため，次にターゲットを聞いた場合に，そのターゲットへのアクセスが容易になるという考え方である．したがって，プライミング効果の大きさ（プライムがあることによる語彙判断時間の短縮の程度）は，プライムとターゲットとの，メンタルレキシコン内の関係の強さを反映するものと考えられている．

　Stanners et al.（1979）は，英語の母語話者を被験者とし，動詞の原形をプライムとし，同じ原形をターゲットとした場合と，動詞の過去形をプライムとし，原形をターゲットとした場合の語彙判断にかかる時間の比較を行った．原形（e.g. burn）の語彙判断について，規則活用形（burned）をプライムとした場合のプライミング効果は，原形自体（burn）をプライムとした場合（つまりプライムとターゲットが同形の場合）とほぼ同等であったのに対し，原形（shake）のターゲットに対して不規則活用形（shook）をプライムとした場合は，原形自体（shake）をプライムとする場合よりも弱いプライミング効果しか得られなかった．この実験結果は，規則形と不規則形とが，メンタルレキシコンへのリストの仕方が異なっていることを示唆する．規則形は独自の形としてリストされておらず，規則形を聞いたときに被験者は原形にアクセスしていると考えれば，規則形が原形と同じプライミング効果をもつことが説明できる．一方，不規則形のほうは，原形と関連するけれども独自の項目として別にリストされていると考えれば，原形よりも弱いプライミング効果をもつことが説明される．したがって，このようなプライミング実験が，DM 仮説の支えとなる証拠を提示していると言える．

　その後のプライミング実験では，不規則形についてはプライミング効果が見られないという結果から，原形と同じ強い効果をもつという結果まで実験結果にゆれがあり，必ずしも統一的な見解は得られていない．しか

し，規則形については，ほぼ原形と同じプライミング効果をもつことが再三確認されており，規則形が原形と独立にリストされているとは考えられないという見方の，強い支えとなっている．

4.1.6　DM 仮説と脳内メカニズム

このように，DM 仮説は規則活用と不規則活用とでは異なる心的メカニズムを用いていると仮定している．ここまでに見た言語事実と言語心理学的な実験結果のほかに，神経言語学的な視点からこの仮説を支持するさまざまな証拠が提出されてきている．

神経言語学的な研究には，大きく分けて 2 つの流れがある．1 つは失語症患者をはじめ，何らかの言語的「障害」をもつ人びとを被験者とし，「健常者」と比較することによって具体的にどういう点で違うのかをつきとめ，さらにはそのような言語上の特徴と，脳のどの部位に損傷があるかを関連づけて考えていく方法である．第二の方法は，最新技術を用いて，「健常」な被験者が言語活動を行っている際の，脳の働きをとらえる試みである．ERP（事象関連電位）や MEG（脳磁図）といった電気生理学的方法で，電位や磁場の変化を計測するものと，PET（ポジトロン断層撮影法），fMRI（機能磁気共鳴画像法），NIRS（近赤外光）トポグラフィーなど，活動中の脳の血流量を計測するものとがある．

失語症にはさまざまなタイプがあり，その全体像を紹介する余裕はないが，言語学的な失語症研究で頻繁に取り上げられるのは，失文法（agrammatism; いわゆるブローカ失語の下位タイプとみなされている）と呼ばれる症状の患者である．左半球前頭葉のブローカ野と呼ばれる部分に損傷がある場合に多く見られる症状で，発話が非常に困難になり，英語では，屈折接辞や冠詞・前置詞などの機能語の脱落，日本語では，助詞の脱落や誤用が典型的な症状としてあらわれる．文理解においては，(8a) のように，動作主と対象との区別が，意味や語用論的な面から推測可能な場合（通常，リンゴが子供を食べるという出来事はない）は理解できるが，(8b) のように，統語構造を理解しないと動作主と対象の区別ができないような例では，理解に困難を示すことが知られている．また (9) のように，機能語

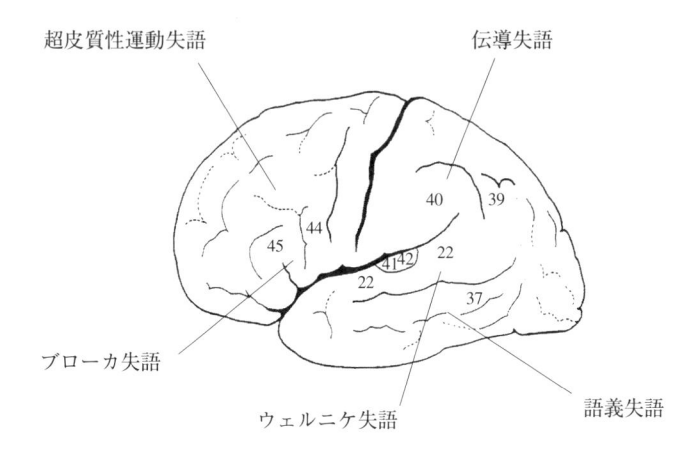

図1 脳部位と失語症状
（脳部位を示す数字は Brodmann（1909）の大脳皮質地図による）

（ここでは定冠詞）の有無のみによってその意味が変化するような文の相違は理解できないと報告されている．

（8） a. The apple was eaten by the boy.
　　　b. The boy was pushed by the girl.
（9） a. He showed her baby the pictures.
　　　b. He showed her the baby pictures.

このように，失文法患者は，統語構造，機能語といった言語の文法的側面に障害があると考えられている．これらの研究から，一般に，前頭葉ブローカ野周辺が文法的な演算処理をつかさどると考えられている．一方，左半球側頭葉下部に損傷のある語義失語患者では，文法的能力は保持されているが，語の意味的な面が障害されていると考えられ，これらの脳部位が語彙の意味表示を担っていることを示唆している（萩原 1998）．脳部位とさまざまな失語症状の関係は，およそ図1のようになる．

　DM 仮説に関連する失語症研究として，Marin et al. (1976) が，失文法患者は名詞の規則活用の複数形（-s 形）を発音できないという実験結果を報告している．レキシコンに複数形でリストされていると考えられる

news, clothes, trousers といった語は正しく発音できるのに対し，普通名詞の複数形である clues, mouths, misers といった語では，/z/ の脱落が多く見られたという．

　また，Ullman et al. (1997) では，実在の規則動詞，不規則動詞，および実験用新語動詞について，過去形を産出させる実験を行っている（新語動詞は不規則動詞のパターンに含まれない音韻特徴のものを用いているので，健常者であれば -ed 形が産出されるものである）．前頭葉部分に損傷のある失文法患者では，規則動詞や新語動詞の過去形を正しく-ed 付加によって産出できる割合が，不規則動詞の過去形を正しく産出できる割合よりも低いことが確かめられている．一方，後頭部に損傷のある失語症患者では，逆に不規則動詞の過去形産出の成績が悪くなっている．

　さらに，Ullman et al. (1997) は，失語症以外の症状をもつ患者についても同様の実験を行っている．語彙の記憶に障害があるが，統語面の障害は少ないことがわかっているアルツハイマーの患者と，統語障害が頻繁に見られ，語彙は比較的よく保持されているパーキンソン病患者とを比較すると，前者では不規則形の過去形に誤答率が高いのに対し，後者では，規則形・新語の過去形に誤答が多くなっている．

　このような諸研究の結果から，(i) 同じ活用でも，規則活用と不規則活用とは異なる脳内メカニズムを用いていること，(ii) 規則活用には，統語的演算処理の中枢であると考えられているブローカ野を中心とする部位が関与していること，という結論を出すことができそうである．これは，規則活用と不規則活用とが，DM モデルが主張するような異なる心的メカニズムを用いているという仮説の，直接的な証拠にはならないかもしれない．しかし，2つのタイプの活用に異なる脳内メカニズムが関わっているということは，心的メカニズムも異なっているということを強く示唆するものである．

　健常者の脳内活動を「見る」方向の研究では，Jaeger et al. (1996) の PET を用いた研究が興味深い．実在の規則動詞，不規則動詞，および実験用の新語動詞について，被験者に原形を音読させた場合と，原形を見せて過去形を言わせた場合の，血流量を測定している．この結果，左半球前

頭葉の一部が，規則活用の過去形の産出と新語の過去形(-ed形)の産出の際に活性化されるが，不規則活用の過去形の産出では，活性化されないことがわかった．この結果も，上記の失語症研究をはじめとする「障害」研究の結果を支持するものであると考えられる．

　本節で紹介した以外にも，DM仮説を脳内メカニズムの観点から検証しようとする，さまざまな試みがなされている．失語症などの後天的な「障害」の研究に加え，特異性言語障害(specific language impairment: SLI. 他の認知的障害を伴わず，言語能力の発達だけが選択的に障害される発達障害で，遺伝的なものと考えられている)の被験者と，ウィリアムズ症候群(重い精神発達遅滞と学習障害がありながら，言語能力の障害を伴わない生得的障害)の被験者との比較，ERPを用いた研究なども行われ，また対象言語も英語だけでなく，ドイツ語，スペイン語などの研究も行われてきている．(これらについてはPinker (1999)を参照のこと．)

4.2　名詞化とDM仮説

4.2.1　派生形態論における生産性

　Pinkerらを中心とするDM仮説に関わる研究は，屈折接辞を対象としてきた．しかしながら，形態論の包括的な理論としてDM理論を考えるならば，派生形態論をその射程に入れなければならない．これまでDMモデルの議論が屈折に集中してきたのは，屈折には「規則形」と「不規則形」といった二分法が従来からあったのに対し，派生形態論では，「規則形」というようなとらえ方がなされていなかったことに起因すると思われる．

　このことには，生産性という概念が深く関わっている．1.5節で見たように，派生形態論における生産性・規則性は，一般に1かゼロかという絶対的な尺度ではなく，「より生産的なもの」と「より生産性が低いもの」とがあるという，段階的な尺度であると考えられている．屈折においては，不規則形の存在による阻止現象が働く場合(*singed)以外は，規則活用の規則は100%生産的に働く．ところが派生においては，たとえば接辞付加を例にとれば，数ある接辞が，いわば0%から100%の生産性の軸上

に点在しているように見えるのである．しかし，第3章で見たように，派生形態論においても，レキシコンの語形成に見られる段階的な規則性とは一線を画す形で，完全な規則性をもつ語形成が存在する(⇒ 3.5, 表 1, 2)．

たとえば英語の名詞化接辞のうち，動詞から名詞を作る -ing や，形容詞から名詞を作る -ness は，他の名詞形による阻止が働かない限り(つまり，他の接辞による名詞形がない限り)，100% 生産的に適用されるデフォルト規則の性質をもつと考えられる．このことは，たとえば形容詞から動詞を作る過程 (-ize, -ify, -en, en- などの接辞付加や転換: ⇒ 2.3.1) と比較すると，わかりやすい．これらの動詞化過程の中では，-ize あるいは転換がもっとも生産性が高いと思われるが，他の動詞形に阻止されなければすべての形容詞に適用できるというわけではない．言い換えれば，動詞化できない形容詞が存在するのである．たとえば，-ous という接尾辞をもつ形容詞は，動詞形をもたないものがほとんどである (#to zealousize, #to zealousify, #to zealousen, #to enzealous, #to zealous)．また，接辞 -al をもつ形容詞には，-ize が付加して動詞化する例が多いが (e.g. visualize, centralize, generalize, moralize)，すべての -al 形容詞がこのように動詞化できるわけではない (#incidentalize, #accidentalize, #usualize)．つまり，どの動詞化過程も，デフォルト規則の役割は果たさない．一方，形容詞の名詞化には，-ness, -ity, -y などの接辞付加があるが，この中で接辞 -ness は，*freeness が freedom に阻止されるといった阻止現象を除き，複合語 (e.g. context-freeness) を含め，すべての形容詞に付加することができる．その意味で，名詞化できない形容詞というものは存在しない．-ness がデフォルト規則の役割を果たしていると言える．

このようなデフォルト規則の性質をもつ派生過程が必ずしも多くはないことが，これまで DM 仮説の検証を「屈折」に集中させていた理由であろう．しかし，規則と連想記憶という2つのメカニズムが形態処理に関わっているのであれば，それが屈折に限られる理由はない．派生についても，「規則性」をもつ過程を注意深く見ていけば，屈折同様に，このモデルを支持する証拠が得られるはずである．以下，4.2節，4.3節では，筆者らがメンバーである研究グループが行ってきた日本語の接辞付加に関す

る研究に基づいて，派生形態論の分野でDM仮説を検討していく．

4.2.2　日本語の名詞化接辞の生産性

日本語には，形容詞を名詞化する接尾辞に「－み」と「－さ」がある（「厚み，厚さ」；以下それぞれの名詞形を，「－み」形，「－さ」形と呼ぶことにする）．この節では，「－さ」が，規則活用と同じデフォルト規則の性質をもち，「－み」が，不規則活用と同じネットワークに支えられた，連想記憶による語形成の特徴をもつことを見ていきたい．

まず第一に，この2つの接尾辞は生産性に関して異なる性質をもつ（Sugioka 1986）．「－み」の生産性は低く，現代語で「－み」が付加できる基体は，比較的頻度の高い30前後の形容詞に限られる．また，(10)のように，温度や硬度という同じ意味領域に属する形容詞の中にも，「－み」が付加できるものとできないものがあるという，語彙的なギャップが存在する．これに対して「－さ」は，例外なくすべての形容詞に付加できる．

(10)　a.　暖かみ vs. #冷たみ；暖かさ，冷たさ
　　　b.　柔らかみ vs. #硬み；柔らかさ，硬さ

また，「－さ」は複合語（(11)）や派生形（(12)）の形容詞にも付加できるが，「－み」はそのような付加はできない．

(11)　a.　塩辛さ，焦げ臭さ，人間臭さ，ほの明るさ，奥深さ，根深さ
　　　b.　*塩辛み，*焦げ臭み，*人間臭み，*ほの明るみ，*奥深み，*根深み（cf. 辛み，臭み，明るみ，深み）
(12)　a.　子供らしさ，飲みやすさ，読みづらさ，食べたさ，素人っぽさ
　　　b.　*子供らしみ，*飲みやすみ，*読みづらみ，*食べたみ，*素人っぽみ

このように，「－さ」付加がデフォルト規則としての完全な生産性を示すのに対し，「－み」の生産性は低い．

意味的な面では，「－さ」形の名詞が純粋な抽象名詞として，状態・程度・性質をあらわす透明な意味をもつのに対し，「－み」形の名詞は，(13)

に示すように具体的なものなどをあらわすことが多い．

(13) a. <場所> 高み，深み
b. <感知される実体> かゆみ，痛み，臭み，苦み
c. <形> 丸み

このような意味の違いは，「−さ」形と「−み」形が自然にあらわれることのできる文を考えてみると，よりはっきりする．下に例をあげたように，ある種の文脈 (14) においては「−み」形が自然で，別の文脈 (15) においては「−さ」形が自然である．

(14) a. 川の深み (= 深いところ) にはまった．/ *深さにはまる
b. 重み (= 重要性) のある発言 / *重さのある発言
c. このお茶は苦み (= 苦い味) が強すぎる．/ ?苦さが強すぎる
c. 敵の弱み (= 弱点) を握る．/ *弱さを握る
(15) a. 潜ってみて湖の深さ (程度) がわかった．/ *深みがわかった
b. 彼の我の強さ (強いこと) が喧嘩の原因だ．/ *我の強みが原因だ

このように，「−み」形名詞の意味は，基体形容詞の意味の影響を受けて特殊な意味をもちやすいために，予測がむずかしい．このような意味の特殊化は，語彙化され，レキシコンにリストされる語形成の特徴である (⇒ 1.4)．一方，「−さ」形の意味の透明性は，これが必ずしもレキシコンにリストされる必要のない語形成であることを示唆する．このような意味の透明性の相違は，屈折には見られないが，派生においては，規則生成と語彙的リストとを区別する重要な基準として用いることができる (⇒ 4.2.3)．

また，同様の意味の差により，別の角度から「−さ」付加のデフォルト性を確認することができる．「−み」形が好まれるはずの意味をもつ文であっても，語彙的ギャップで「−み」形をもたない形容詞の場合，「−さ」形が容認されるのである．

(16) a. {面白み / ??面白さ} に欠けるドラマ
b. {新しさ / #新しみ} に欠ける起業プラン

さらに,「-さ」は実在語だけでなく,借用語や新造語にも生産的に付加される.これは,「-さ」付加規則のデフォルト性を示している.

(17) ナウい / ナウさ, ダサい / ダササ, ケバい / ケバさ, キモい / キモさ

また本来は形容詞ではないが,動詞の否定形も,その意味がある種の性質や形状をあらわす場合には,「-さ」によって名詞化されることもある.これはもちろん,否定辞「ない」が品詞としては形容詞であるためであるが,やはり,「-さ」の造語力の強さを示している.

(18) 首相にリーダーシップがない → 首相のリーダーシップのなさ
納得の行かなさ,気の進まなさ,配慮の足らなさ

さらに「-さ」接辞付加は,形容詞がその本来の意味と異なって使われているような慣用表現の名詞化にも,自然に適用される.

(19) (点が辛い)点の辛さ / *辛み,詰めの甘さ / *甘み
手の早さ,頭の柔らかさ,息の長さ,顔の広さ,

以上,「-さ」の生産性の高さとそのデフォルト性を示す現象を見てきたが,それでは「-み」による造語は不可能なのだろうか.実は,「-み」はごく限られたケースにおいて,新しい派生形を作ることができる.そして,その造語の条件を調べてみると,「-み」による新語の派生は,「-さ」のようにデフォルト規則ゆえの造語ではなく,アナロジーによるものであるということが示唆される.

4.1節で概観したように,DM 理論では,レキシコンでの連想記憶によって関係づけられている語形成の過剰適用は,類似性・ネットワーク的リストを基盤としたアナロジーによる拡張であると考えられている.「-み」による非常に限られた造語の例は,以下に見ていくように,この特徴を備えている.

まず,「-み」が付加する形容詞は,味覚に関するものが非常に多い.

(20) 甘い / 甘み, 辛い / 辛み, 苦い / 苦み, 渋い / 渋み, 旨い / 旨み

これは「味」という形態素と「−み」が，同じ音韻から成ることが影響している可能性があり，これらの形態素の間の歴史的なつながりについては，検討が必要であろう．しかし，少なくとも現代語を話す日本人話者は，「−み」が味をあらわす形容詞を名詞化するという事実を認識している．そのために，「−み」が派生形容詞には本来つくことができない((12b))にもかかわらず，味覚をあらわす派生形容詞には，例外的に付加できると考えられる．

(21) 酸っぱい/酸っぱみ，しょっぱい(塩っぱい)/しょっぱみ

また「エグい」という形容詞は，「アクが強い(味)」という意味では「−み」で名詞化することができるが(「エグみのある野菜」)，最近よく使われる「ひどい，きびしい」という意味(「エグい試験」など)では，「−さ」でしか名詞化できない．さらに，「−み」は形容動詞語幹にはつかないが((22a))，例外的に(22b)のような例がある．

(22) a. ステキな/*ステキみ，きれいな/*きれいみ，静かな/*静かみ
    b. カレーにコクとまろやかみを加える調味料

これらの例を総合すると，「−み」による限られた造語でもっとも一般的なのは，味に関する語彙であり，それは意味上の類似によって結びつけられる意味ネットワークが基盤になった，アナロジーによるものであると考えることができる．

さて，最後に見た「まろやかみ」という例には，もう1つの要素が考えられる．それは音韻的な特徴である．(22a)で見たように，本来「−み」は形容動詞につかないのであるが，形容詞と形容動詞の両方の形をもっている次の2語の語幹には，「−み」がつく．

(23) 温かい/温かな → 温かみ，柔らかい/柔らかな → 柔らかみ

これらの「−み」形は，形容詞に「−み」がついたものであるが，派生形だけを見ると，「温かな」の語幹に「−み」がついたという再解釈(reanalysis）も可能である．形容動詞「まろやかな」の語幹には，(23) の「温か」，「柔らか」と，音韻的に (24) のような類似が認められる．このことも，「まろやかみ」という語が派生されたアナロジーの基盤となっていると考えられる．

(24)　　maroyaka / atataka / yawaraka: ...（y / t / r）aka

このように，「－さ」と「－み」は，形容詞から名詞を作るという機能は共有するが，その生産性は大きく異なる．DM モデルに基づいて，「－さ」の付加が演算処理で扱われるのに対して，「－み」形名詞の産出と理解はネットワーク的リストに支えられた連想記憶によるものととらえることで，それぞれの特徴をうまく説明することができる．

4.2.3　名詞化接辞付加の心的メカニズム：健常者による容認度判定実験

前節で見たように，さまざまな言語事実から，「－さ」は規則活用同様のデフォルト規則によって，「－み」は不規則活用同様の連想記憶に基づいて，処理されているという仮説を立てることができる．この節と次の 4.2.4 節で，このような仮説を検証するために筆者らをメンバーとする研究プロジェクトで行った実験結果 (Hagiwara et al. 1999) を見ていきたい．実在の形容詞と実験用の新語形容詞の名詞化について，健常な日本語話者を被験者とする実験でその心的メカニズムを，失語症患者を被験者とする実験でその脳内メカニズムを，明らかにしようとした研究である．

派生形態論が屈折と異なる大きな点の 1 つは，前者においては，形成された語が基体とは「別の語」と認識され，ときに意味変化を被る可能性があるということである．このため，4.2.2 節で見たように，規則形成と語彙的リストとの区別の基準として，意味の透明性という，屈折にはない基準を派生では用いることができる．その一方で，派生においては，規則によって形成される語であっても，意味変化を受けてレキシコンにリストされるという可能性が，排除できないことになる．たとえば，英語の -ness 接辞は，完全に生産的な規則による名詞化であると考えられるが，weakness のように，意味変化を受けて明らかに語彙化した語も存在する

(⇒ 1.4).日本語の「−さ」名詞化についても,生産的なデフォルト規則ではあるものの,頻度の高い語はレキシコンにリストされている可能性があると思われる.たとえば,「わるさ」は規則的な「悪い程度,性質」という意味のほかに,「いたずら」という語彙化した意味をもっている.実験では,「−さ」形と「−み」形とを比較検討するために,両方の接辞をとる頻度の高い形容詞を用いたので,「−さ」形もリストされている可能性が高い.したがって,興味深い実験結果は,レキシコンにリストされている可能性のない実験用新語についての,被験者の反応から得られることになる.

<実験の概要と予測>

4.2.2 節で見たように,「−さ」形と「−み」形は意味が異なり,そのため文脈によってどちらかがより自然と判断される例が存在する((14),(15)).実験ではこの事実を利用し,実在の形容詞・名詞について,「−さ」形が好まれるはずの文(「−さ」優先文),「−み」形が好まれるはずの文(「−み」優先文),どちらもほぼ同じ程度の容認度になる文(中立文)の,3タイプの刺激文を用意した.

(25) a. 「−さ」優先文
　　　　ブロック塀は地震に弱い.
　　　　その {弱さ / ??弱み} が今回の震災で証明されてしまった.
　　b. 中立文
　　　　この野菜は少し苦い.
　　　　その {苦さ / 苦み} が和風の味つけによく合う.
　　c. 「−み」優先文
　　　　レバーは臭いので食べにくい.
　　　　牛乳につけておくとその {??臭さ / 臭み} がぬける.

健常者を被験者とする実験では,これら 3 タイプの文を各 10 文ずつ,計 30 文を用意した.
　さらに,実験用の新語を用いた刺激文も作成した.新語としては,音韻

的な類似性の影響を調べるために，日本語形容詞の音韻パターンに合致するもの(パターン内語幹)と合致しないもの(パターン外語幹)とを準備した．この基準としては，以下のような特徴を1つ以上もつものをパターン外語幹，どの特徴ももたないものをパターン内語幹とした．

(26) a. 濁音 (/g, z, d, b/) で始まる語幹
b. /p/ で始まる語幹
c. 口蓋化音 (/ky, sy, ty, ny, my, gy, zy, by/) で始まる語幹
d. /r/ で始まる語幹
e. モーラ主音となる /N/ (「ん」)で終わる語幹
f. /i, e/ で終わる語幹，ただし /si/ で終わるものを除く

このうち，(26a-d)の語頭音に関する特徴は，一般に和語がもたない音韻特徴であり，日本語の形容詞はほぼ和語語幹に限られるので，これらの特徴をもつ語は，日本語の形容詞らしくない音連鎖となる．また，実在の形容詞には「ん」で終わる語幹は存在しないし，「大きい」などごく少数の例外を除いて，/si/ 以外に /i/ で終わる語幹や /e/ で終わる語幹も存在しないため，(26e, f)の特徴をもつものも，形容詞語幹らしくない音連鎖ということになる．具体的には，以下のような例である．

(27) a. パターン内新語
とかい，しまかい，まくい，さのい，めかい，たそい，くなろい
b. パターン外新語
ごめい，やちい，らひい，どちきい，ぱめりい，めべねい，かとんい

(25)のような刺激文3タイプ各10文に対し，パターン内の新語5語，パターン外の新語5語を，それぞれ実在形容詞に置き換え，「－さ」形・「－み」形も対応する新語に置き換えた新語刺激文を作った．たとえば，(25)に対応する新語文は以下のようになる．(新語のため，容認度判断は付していない．)

(28) a. 「-さ」優先文,パターン外新語
    ブロック塀は地震にかとнい.
    その {かとんさ / かとんみ} が今回の震災で証明されてしまった.
   b. 中立文,パターン外新語
    この野菜は少しみょひい.
    その {みょひさ / みょひみ} が和風の味つけによく合う.
   c. 「-み」優先文,パターン内新語
    レバーはまこいので食べにくい.
    牛乳につけておくとその {まこさ / まこみ} がぬける.

新語を用いた刺激文は,「-さ」優先・中立・「-み」優先の3タイプにつき,それぞれパターン内新語が5文,パターン外新語が5文で,計30文となる.それぞれ,形容詞形の新語を含む文脈を,「もしこういう語があるとしたら」という設定で与えたうえで,名詞形(「-さ」形・「-み」形)の容認度をたずねているので,被験者は,与えられた新語形容詞の名詞化としての妥当性を判断していると考えられる.

健常者(日本語を母語話者とする大学生115名)を対象とする実験では,(25),(28)のような実在語文,新語文について,それぞれ「-さ」形と「-み」形の自然さを5段階で判定してもらった.DM理論の枠組みで,「-さ」付加がデフォルト規則であり,「-み」は連想記憶によって処理されるという仮説を検証しようというのが,この実験の目的である.新語への接辞付加の適用(過剰適用)は,デフォルト規則では自由に行われるが,連想記憶に基づくアナロジーでは,類似性に基づいてのみ適用できる.したがって,新語文の実験結果について以下の2点が予測できる.

(29) a. 新語全般への接辞付加は,「-さ」では自由に行われるが,「-み」では容認度が低くなる.
   b. 実在の形容詞への音韻的類似性は,「-み」付加の適用可能性に影響を与える(類似するものは容認度が上がる)が,「-さ」付加は類似性の影響を受けない.

<実験結果>

　実在語文では，当然の結果として，「−さ」優先文では「−さ」形が，「−み」優先文では「−み」形が，それぞれより高い自然さをもつと判定され，中立文では，「−さ」形と「−み」形がほぼ同等の判定を得ており，これは実験素材として3タイプの文の設定が妥当であることを示している．実験の主な目的である新語文についても，以下に述べるように，ほぼ予測どおりの結果が得られた．

　まず，新語文について対応する実在語文と比較すると，「−さ」優先文については，実在語と新語とで判定にあまり差がなく，新語文においても「−さ」形はきわめて自然，「−み」形はきわめて不自然と評価されている．新語の「−み」形が不自然と判断されているのは，文脈によると考えられるので，このデータは，「−さ」がデフォルト接辞であるとする考えを特に強く支持するものではないが，聞いたことのない形容詞にも「−さ」を付加して名詞を作ることが自然であるととらえられていることがわかる．

　「−さ」付加のデフォルト性について興味深いデータを提供してくれるのは，中立文と「−み」優先文である．その結果をグラフで示すと，次ページの図2, 3のようになる．（グラフは被験者の判定値（5＝きわめて自然，1＝きわめて不自然）の平均値を示す．）図2に示したように，中立文においては，実在語文では「−み」形も「−さ」形もほぼ同程度の，きわめて高い自然さをもつと判定されているが，新語文では，「−さ」形が実在語文とほとんど同じ自然さをもつと判定されているのに対し，「−み」形のほうはかなり不自然であると判定されている．実在語文に対する判定が示しているように，文脈としては，「−さ」形も「−み」形も同程度に好まれているにもかかわらず，新語文では，「−さ」形のほうがはるかに自然であると判定されているわけである．「−み」形の自然さが新語文において低いのは文脈のせいではないので，このデータは，「−み」の付加が新語に対しては不自然だととらえられていることを示している．

　また，図3に示したように，「−み」優先文の「−み」形は，実在語文ではきわめて自然であると判断されているのに対し，新語文ではかなり不自然であるとされている．一方，「−さ」形は，実在語文ではやや不自然との

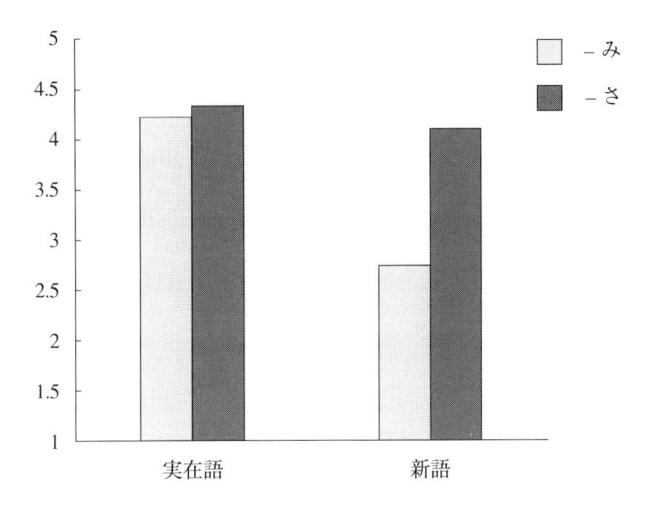

図2 中立文の容認度判定（5点満点）

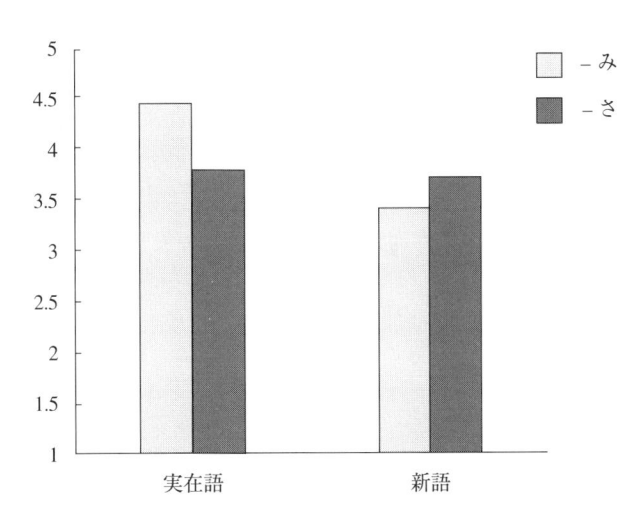

図3 「-み」優先文の容認度判定（5点満点）

判断がなされ，新語文においてその判断はほぼ変わらず，「－さ」形と「－み」形の自然さの判定は，実在語文と逆転している．実在語文についての判定が示しているように，文脈としては明らかに「－み」形が好まれる文であるにもかかわらず，新語に対しては「－み」の付加が不自然であると判断され，「－さ」の付加のほうが好まれていることがわかる．「－み」形の容認度は，実在語と新語とで明らかな差があり，新語に「－み」を付加することは，文脈の支えがあってもなお，たいへん不自然だととらえられていることを示している．

　これらの事実は，「－さ」がデフォルト接辞としてどのような語にでも付加できるのに対し，「－み」の付加は基本的に「－み」形がリストされているものに限られる，という接辞の性質の違いによって説明される．(29a) の予測の正しさが実証されているのである．

　次に，音韻的な類似性については，中立文と「－み」優先文の新語文において，「－み」形の自然さの判定が，音韻パターン内にあるものであるか否かに左右されるのに対し，「－さ」形のほうはそのような影響を受けないことがわかった(図4, 5)．(「－さ」優先文では，文脈的にも，新語であることからしても，「－さ」形が圧倒的に好まれ，新語がパターン内のものであるか否かにかかわらず，「－み」形はきわめて容認度が低い．新語のパターン類似性による差は，「－み」形がある程度の容認度をもつ場合にのみ観察されるので，「－さ」優先文では差が観察されない．)

　グラフが示すとおり，「－み」形の自然さの判定は，新語がパターン外である場合のほうが低く，その差は統計的に有意であった (Hagiwara et al. 1999)．これに対して「－さ」形の自然さは，逆に，むしろパターン外の新語のほうが若干高く評価されている．(おそらく，「－み」形の容認度が低いために，「ほかに言いようがない」という被験者の判断が働いていると思われ，これも「－さ」付加のデフォルト性のあらわれと思われる．) したがって，(29b) の予測も実験的に確認されたと言える．4.1節で見た Prasada and Pinker (1993) の実験で，-ed の付加が英語として不自然な音連鎖である ploamph にも可能であったのと同じように，「－さ」は日本語の形容詞としてきわめて不自然な「かとんい」といった語形にも付加でき

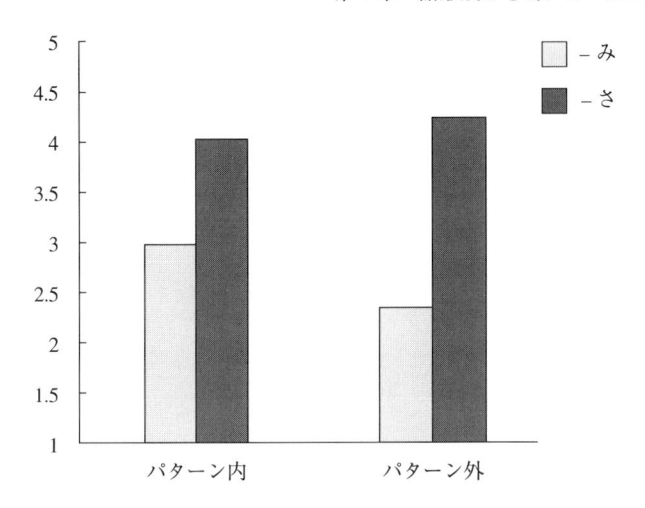

第 4 章　語形成の心的メカニズム　175

図 4　新語中立文の容認度判定（5 点満点）

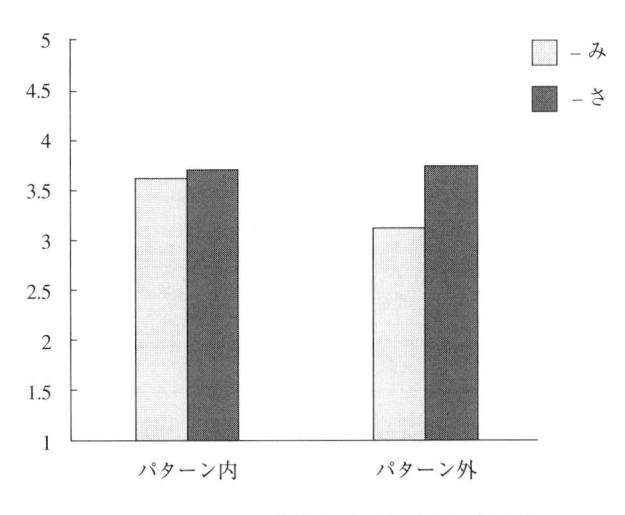

図 5　新語「-み」優先文容認度判定（5 点満点）

るのに対し,「-み」はそのような語形には付加できない(あるいは付加しにくい)ものであることがわかる.

このように,健常者を対象とする実験で,DMモデルで仮定さているデフォルト規則と連想記憶という2つの異なる心的メカニズムが,それぞれ「-さ」と「-み」の接辞付加に関わっていることが確かめられた.

4.2.4 名詞化接辞付加の脳内メカニズム:失語症患者の実験

失語症患者を対象とする実験では,基本的に4.2.3節の健常者実験と同じ刺激文を用い,脳の損傷部位・失語症状のタイプと,「-さ」・「-み」の接辞付加を処理する能力とに,どのような関係があるかを検討した.

<実験の概要と予測>

4.2.3節で紹介した健常者実験と基本的に同じ刺激文を用いたが,刺激文の数を各タイプ6文ずつに減らし,また,容認度評価ではなく,二者択一の課題とした.(「-さ」形と「-み」形と,どちらが適当であるかを選んでもらった.)実在語については,中立文は「-さ」形も「-み」形も容認される文脈のため,二者択一課題には適当でないので,「-さ」優先・「-み」優先の2タイプのみを使用した.

この実験では,ブローカ失語,ウェルニケ失語,語義失語,超皮質性運動失語 (transcortical-motor aphasia: TM 失語)という,4つの異なるタイプの失語症状を示す患者計12名と,年齢と教育歴を患者に合わせた健常者統制群12名とが被験者として参加したが,ここではブローカ失語と語義失語の患者の対照が興味深いので,その2タイプと健常者に焦点をあてて話を進める.

4.1.6節で紹介したように,ブローカ失語は,左半球前頭葉ブローカ野とその周辺に病巣をもち,失文法の症状を示す.文法的な演算処理が障害されていると考えられるタイプの失語である.一方,語義失語は,左半球側頭葉下部に萎縮による損傷があり,語の意味的な側面に障害があると考えられている.語の意味が選択的に失われ,また特にイディオムの意味理解に困難をきたすことなどが知られていることから,レキシコンのリスト

が部分的に障害されていると考えられる．

「-さ」付加がデフォルト規則であるという仮説は，4.1.6 節で紹介した屈折に関わる失語症研究と照らし合わせれば，ブローカ失語の患者が，「-さ」付加に選択的に障害をもつことを予測する．また，語義失語が語の意味に障害をもつものであれば，このタイプの患者はむしろ，連想記憶に基盤をおく「-み」付加に問題があることが予測される．

<実験の結果>

実在語については，必ずしも上記の予測は裏づけられていない．次ページの表 2 に示すように，被験者は失語のタイプにかかわらず，「-さ」優先文では「-さ」形を，「-み」優先文では「-み」形を選んでおり，健常者統制群とも差はない．これは，「-さ」付加が規則によると言っても，「-さ」形の中でも頻度の高いものは，レキシコンにリストされる（つまり話者によって記憶される）ことがあることを示唆している．この研究では，「-さ」形・「-み」形の両方をもつ形容詞を刺激として用いている．4.2.2 節で述べたように，「-み」は頻度の高い形容詞の一部のみに付加するため，結果的に頻度の高い基礎語彙のみが用いられている．したがって，これらの「-さ」形がレキシコンにリストされていたとしても，それほど不思議ではない．特にブローカ失語の患者については，規則適用が障害されていることの補完として，頻度の高いものから名詞形を記憶している可能性が高いと思われる．

これに対して，頻度に影響されない新語課題を使った実験では，表 3 に示すような興味深い結果が得られた．4.2.3 節で見たように，健常者は，新語については文脈にかかわらず「-さ」形を好む（図 2, 3）．その傾向は，この実験の健常者統制群にもあらわれている．「-さ」優先文で 92%，文脈的には「-み」形が好まれるはずの「-み」優先文でも 64%，「-さ」形が選ばれている．これに対して，ブローカ失語患者では，「-さ」優先文において平均で 50% しか「-さ」形を選んでいない．課題は二者択一であるから，50% というのは完全なチャンスレベル（ランダムに答えた場合に出る数値）である．これは，語義失語の患者が平均 94% と，健常者と同様に

表 2 実在語実験:「-さ」形の選択率 (%)

文タイプ	ブローカ失語 (4名)					ウェルニッケ失語 (3名)				語義失語 (3名)				TM (2名)			健常者 (12名)
	T.K.	K.K.	H.K.	K.S.	平均	H.A.	T.Y.	T.S.	平均	M.K.	M.S.	J.F.	平均	N.F.	K.M.	平均	平均
「-み」優先文	17	33	50	0	25	17	17	67	34	17	17	33	22	0	17	8	20
「-さ」優先文	67	100	100	33	75	100	100	83	94	100	100	67	89	100	100	100	85

注: 各タイプ6文について,「-み」形・「-さ」形からの二者択一課題

表 3 新語実験:「-さ」形の選択率 (%)

文タイプ	ブローカ失語 (4名)					ウェルニッケ失語 (3名)				語義失語 (3名)				TM (2名)			健常者 (12名)
	T.K.	K.K.	H.K.	K.S.	平均	H.A.	T.Y.	T.S.	平均	M.K.	M.S.	J.F.	平均	N.F.	K.M.	平均	平均
「-み」優先文	0	17	50	50	29	67	33	33	44	100	83	67	83	83	33	58	64
「-さ」優先文	17	50	67	67	50	100	100	100	100	100	100	83	94	100	100	100	92

注: 各タイプ6文について,「-さ」形・「-み」形からの二者択一課題

「− さ」形を選んでいるのと対照的である．一方，文脈的に「− み」形が好まれるはずの「− み」優先文では，ブローカ失語患者は健常者よりも高い頻度で「− み」形を選んでいる．これに対して語義失語患者は，「− み」形選択は 17% と非常に低くなっている．

　この結果は，以下のように説明ができる．ブローカ失語患者は，演算処理である「− さ」付加が障害されているため，新語に「− さ」を付加することができない．しかし，連想記憶に蓄えられた「− み」形のネットワークリストは維持されており，それに基づいたアナロジーを働かせることができる．このため，いわば障害された「− さ」付加の代替措置として「− み」付加を用いることになり，「− み」優先文では健常者より高い頻度で「− み」形を用いることになる．また，「− さ」優先文では，「− み」形は文脈に適合せず，「− さ」形は障害されて用いることができないので，いわばどちらも使えない状態で，ランダムに二者択一の回答をしていると考えられる．一方，語義失語患者は，「− さ」付加は健常者と同様に用いることができる．「− み」優先文での「− み」形選択率の低さは，連想記憶を基盤とするアナロジーが，健常者と同様には働いていないことを示唆する．語義失語患者の「− み」優先文における「− み」選択率は，健常者統制群のそれとは統計上の有意差はなく，ブローカ失語患者との間にのみ統計上の差が出ている．そのため，あまりはっきりした結論を出すことはできないが，語義失語患者の病巣がある側頭葉(⇒ 4.1.6, 図 1)が，レキシコンのネットワークやそれを基盤とするアナロジーに関与している可能性を示唆する結果であると言える．

　このように，失語症患者を被験者とする実験では，ブローカ野とその周辺が「− さ」付加に関わっていることが判明し，また側頭葉が連想記憶に基づくアナロジーに関わっていることが示唆されたと言える．これは，4.2.2 節で見た，「− さ」と「− み」が異なる心的メカニズムに支えられているとする DM 仮説を，脳内メカニズムという側面から支持する証拠である．

4.3 日本語の使役接辞と DM 仮説
4.3.1 接辞付加と項構造の変化

規則と連想記憶という二分法を主張する DM 仮説は，Pinker らによって屈折形態論に対して主張されてきたが，4.2 節では，「－さ」・「－み」という派生接辞にもこの二分法があてはまるのを見た．屈折と派生は形態操作を行うという点で同じであり，したがってこの 2 者が共通の心的メカニズムに支えられると考えるのは，自然な発想である．その意味で，DM モデルを派生形態論に拡張しようとする試みは，包括的な心的形態論研究への道を拓くものであると言える．

しかし，派生形態論を視野に入れて DM 仮説を考えるとき，これまでは考慮の対象とならなかった問題が出てくる．派生に伴う項構造の継承・変化に関わる計算がどのように行われるのか，という問題である．屈折はその性質上，基体の項構造に何の変化ももたらさないものであるから，このような問題は生じてこない．これに対して，派生形態操作には，基体の項構造をそのまま受け継ぐもの，項構造に変化を生じさせるもの，項構造を受け継がないもの，などがある（⇒ 2.2.1）．このような項構造の変化は，DM モデルの中でどのように扱われるべきであろうか．

連想記憶による形態操作については，それぞれの派生語はレキシコンにリストされるので，項構造という語彙情報もリストされると考えられる．したがって，そこでは「項構造の計算」という問題は起こらない．もちろん，派生に伴ってどのような変化が起こるかについて，観察される一般化を整理する必要はあるが，派生語はあくまで，項構造を含めた語彙情報をもった形でレキシコンにリストされるので，心的メカニズムとしてどのように計算されるか，という問いは出てこない．これに対して，規則という演算処理による形態操作に項構造の変化が伴う例があれば，接辞付加などの形態処理と同時に，項構造についてどのような演算処理が行われているのかが，大きな問題になる．4.2 節で規則による接辞付加であると論じた「－さ」は，品詞を変更する働きだけをもつもので，項構造にも意味にも何の変化ももたらさない．同様に，完全な生産性をもつ英語の -ing 名詞化

も，3.1.3 節で見たように，基体の項構造にまったく変化を生じさせない．「-さ」や -ing では，演算規則による接辞付加の出力である名詞形はレキシコンにリストされないので，これらの名詞形は，基体の項構造をそのまま演算処理に使っていると考えられるのである．

　では，規則による派生でありながら，項構造の変更を伴う語形成過程が存在するのだろうか．項構造とは，リストされた各語彙項目がレキシコンに記載している語彙情報である．したがって，出力をレキシコンにリストしない規則によって項構造に変更が起こるとすれば，入力となる要素(基体や接辞など)のもつ語彙情報から，構成的 (compositional) に「オンライン」で計算されるもののはずである．もちろん，統語構造上では，入力となる語の情報から出力となる句・文の情報を産出する，構成的な計算が行われていると考えられるが，語レベルにおいてそのような計算をする語形成過程が，実際に存在するのであろうか．もし存在するとすれば，その項構造の計算は，どのような心的・脳内メカニズムによってなされるのであろうか．このような考察の対象として，第 3 章で見た内項複合語や統語的複合動詞などが候補になるが，ここではこの問いに答える 1 つの試みとして，日本語の使役化接辞を考察することにする．

4.3.2 「-させ」使役と語彙的使役

　使役とは，ある事象を発生させることを言うが，使役主が直接その事象を発生させる場合(直接使役)と，他の動作主に働きかけて事象を発生させる場合(間接使役)の 2 種類に分けられる．使役概念を文法のどういう装置であらわすかは，言語によってさまざまで，英語では，これら 2 種類の使役は非常に異なる表現をとる．直接使役は他動詞によってあらわすことが多いが，ほとんどの場合は，事態の発生(状態変化)をあらわす自動詞と同形で (The vase broke. / Mary broke the vase.; sink / sink, melt / melt, shorten / shorten)，形態変化によってあらわされるものは数少ない (rise / raise, lie / lay, fall / fell)．これらは，他動詞に使役概念が含まれているので，「語彙的使役」(lexical causative) と呼ばれる．一方で，間接使役は，基本的に使役動詞 (make, cause, let, have) を主動詞とした補文構造によっ

てあらわされる (Sally made her children come home.). これらは，使役概念が独立した動詞であらわされるので，「迂言的使役」(periphrastic causative) と呼ばれる．

　日本語では，直接使役も間接使役も，動詞への形態的操作によってあらわされるので，両者の違いは表面的には英語ほど明瞭ではない．直接使役は，自動詞と語幹を共有する他動詞によってあらわされることが多い．これは「語彙的使役」と呼ばれ，後述するように，その形態変化は一定ではない．これに対して，間接使役は，常に動詞に「－させ(-(s)ase)」という接辞を付加して作られる．この使役接辞がつくと，自動詞は他動詞に，他動詞は3項動詞に変化する．それぞれの具体例を見よう．

(30)　語彙的使役
　　　a.　テーブルの上に皿が並ぶ．
　　　b.　次郎がテーブルの上に皿を並べる．(narab-**e**-ru)
(31)　「－させ」使役（自動詞）
　　　a.　選手が一列に並ぶ．
　　　b.　コーチが選手を一列に並ばせる．(narab-**ase**-ru)
(32)　「－させ」使役（他動詞）
　　　a.　子供が積み木を並べる．
　　　b.　花子が子供に積み木を並べさせる．(narabe-**sase**-ru)

接辞の違いはあるが，語彙的使役も「－させ」使役も，形態的な表示によって使役述語が形成されている点では同じであることに注意したい．

　語彙的使役と「－させ」使役は，「使役」という共通点はあるものの，意味のうえでは異なっている．詳細には立ち入らないが (Shibatani (1976), Matsumoto (1996) を参照)，語彙的使役では，使役主が直接的に対象に働きかけて，ある事象を引き起こすので，対象は (30b) のように無生物か，生物であっても意図がないものとして解釈される．それに対して，「－させ」使役の場合は，使役主が被使役者を介して，ある事象を引き起こす．(31b) の場合では，コーチは選手に何らかの形で命令することを通して，「選手が一列に並ぶ」という事象を引き起こすのであり，同様に，

(32b)では積み木にさわるのは子供であって，花子ではない．

　なお，(31)のような自動詞に「－させ」をつけて使役化する場合，被使役者をあらわす名詞には，「を」だけでなく「に」もつくことができる（「選手に一列に並ばせる」）．この場合，「を」よりも「に」がついた場合のほうが，被使役者の意図性がより強く解釈されるため，「に」がつく場合を「間接使役文」（英語の let 使役に相当），(31b)のように「を」がつく場合を「直接使役文」と呼ぶことがあるが Shibatani (1976) などを参照），ここではその違いには立ち入ることなく，自動詞＋「－させ」を含む使役文では，被使役者が「を」格で表示されるケースのみを扱う．以下では，「語彙的使役」と呼ぶものは，使役の対象が意志をもたないもので，「－させ」使役は，被使役者が意図をもちうる存在であることを前提として，議論を進めていく．

　(30)のような語彙的使役の例は，動詞の自他交替（並ぶ――並べる）によるものとして，語彙レベルの現象としてとらえられてきた．それに対して，(31), (32)のような「－させ」使役の例に見られる「－させ」接辞付加は，生成文法による日本語研究の初期から，単に動詞の項の数を1つ増やすだけではなく，補文を埋め込んだ構造をもつことが指摘されてきた(Kuroda (1965) など)．その代表的な証拠としては，再帰代名詞の「自分」の解釈と，副詞の作用域 (scope) があげられる．たとえば，(33)では使役主の「母親」だけでなく，被使役者の「子供」も，「自分」の先行詞として解釈できる．

(33)　a.　母親が子供を自分の自転車に乗らせた．
　　　b.　母親が子供を自分の部屋で遊ばせた．

「自分」の先行詞は主語に限られるので，(33)の解釈は，「－させ」使役の場合に使役主の「母親」だけでなく目的語の「子供」も，主語の資格をもっていることを示し，(33)が(34)のような補文構造から派生したと考える根拠となる．

(34)　母親が［子供が自分の自転車に乗る］させた．（自分＝子供）
　　　母親が［子供が自分の部屋で遊ぶ］させた．（自分＝子供）

さらに,「- させ」使役文では,副詞の作用域にも2つの解釈がある.

(35) a. 看護婦が入院患者をさっさとベッドに寝させた.
b. 花子が太郎を急いで車に乗らせた.

(35)では,副詞が被使役者の行為のみを修飾する解釈(患者がさっさとベッドに寝た,太郎が急いで乗った)と,使役全体である「動詞+させ」を修飾する解釈(看護婦がさっさと寝させた,花子が急いで乗らせた)が存在する.これも,派生の段階で副詞が動詞のみを修飾する,(36)のような補文構造が存在することを示すものである.

(36) a. 看護婦が［入院患者がさっさとベッドに寝る］させた.
b. 花子が［太郎が急いで車に乗る］させた.

対照的に,語彙的使役の場合は,次の例からもわかるように,「自分」の解釈や副詞の作用域に両義性は見られない.この点で語彙的使役は,使役の意味を伴わない単純他動詞と同じ性質を示す.

(37) a. 母親が子供を自分の自転車に乗せた.（自分=母親）
b. 花子が太郎を急いで車に乗せた.（=花子が急いで乗せた）
cf. 花子が太郎を自分の部屋に招いた.（自分=花子）
看護婦が患者をさっさとベッドに運んだ.（=看護婦がさっさと運んだ）

したがって,語彙的使役の場合は,統語的な派生のどの段階においても「乗せる」は1語であり,補文構造を設定する必要はないことが明らかである.

　以上のような事実は,語彙的使役動詞(並べる,乗せる)は語彙レベルに属する述語であるのに対して,「- させ」使役動詞(並ばせる,乗らせる)は,統語レベルで動詞と「- させ」が合体して形成されるという考え方を支持するものである.しかし,形態論的観点から見ると,語彙的使役はもちろんであるが,「- させ」使役もまた,語を形成する接辞付加であるの

で，1.6 節で概観した語彙論的仮説の立場から，両者はともに語彙部門に属するという考え方も提唱されてきた．「−させ」使役動詞が取る格助詞のパターンが，単純動詞(他動詞または 3 項動詞)のものと同じであること，つまり「−させ」接辞による項構造の変化が，明らかに語彙的操作である動詞の自他交替における変化と同じであることも，語彙部門での派生を示す根拠とされている(Miyagawa (1989) など)．ここではその詳細には立ち入らないが，「−させ」のような統語的な性質を併せもつ接辞を語彙部門で扱うべきか，それとも統語部門で扱うべきかという論争（⇒ 1.6）は，他の理論的な前提とも絡み合って，生成文法による日本語統語論研究のもっとも重要なテーマの 1 つであり続けている．

　このような語彙的使役動詞と「−させ」使役動詞に見られる，形態面や項構造上の共通点と統語的な相違点は，本章で展開している DM 理論の観点からは，次のような仮説に結びつくものである．語彙的使役動詞はレキシコンにリストされ，英語動詞の不規則活用をつかさどるのと同じようなネットワークに基づく連想記憶によって，語幹を共有する自動詞と関係づけられている．したがって，自動詞(並ぶ)と他動詞(並べる)の項構造の違いは，それぞれの動詞の語彙情報として記載されている．それに対して，「−させ」使役動詞(並ばせる，並べさせる)は，それ自体がレキシコンにリストされるのではなく，対応する基体動詞(並ぶ，並べる)に対する「−させ」接辞付加規則に伴う演算処理によって，項構造の変化がもたらされる．すなわち，語彙的使役と「−させ」使役は，ともに項構造を変化させる形態操作でありながら，連想記憶と演算処理という，まったく異なる心的メカニズムが関与する現象であるという仮説が立てられるのである．

　実際に，「−させ」使役と語彙的使役の間には，前節で見た英語動詞の規則・不規則活用や，日本語の名詞化接辞「−さ」と「−み」に観察されたのと同じような，規則性・生産性に関わる本質的な違いが観察される．

　まず，「−させ」使役に見られる接辞付加は，完全に規則的である．(-sase (tabe-sase) と -ase (narab-ase) は，動詞語幹が母音で終わるか子音で終わるかという，純粋に音韻的な要因で決定されるので，同一の形態素である．) これに対して，語彙的使役に見られる自他交替は，複数の接

辞によって表示されるだけでなく，自動詞に接辞がつく場合（narab-u ～ narab-**e**-ru），自他両方が変化する場合（toor-u ～ toos-u; hana**re**-ru ～ hanas-u）など，さまざまである．しかも，どの動詞がどの自他対応パターンを示すのかは，完全には予測できない．たとえば，-e- という接辞は五段活用動詞の一部につくが（立つ～立てる，向く～向ける），つかないケースもある（効く～#効ける/効かす，沸く～#沸ける/沸かす）．（自他対応の接辞と動詞の意味構造とに関連があるということが，影山（1996）によって論じられているが，それでも語彙化しているケースも多く，完全な予測は不可能である．）したがって，個々の語彙的使役動詞と自動詞との対応は，レキシコンにリストされなければならない．

さらに，「-させ」使役と語彙的使役の接辞付加は，その生産性に決定的な差が見られる．語彙的使役における自他対応の場合は，前節の名詞化接辞「-み」のようないちじるしく低い生産性ではないが，それでも，本来あってもおかしくない他動詞が存在しないという，次にあげるような語彙的ギャップが観察される．

(38)　（電車が）混む～#混める，よろける～#よろかす，錆びる～#錆びらす/#錆びす，疲れる～#疲らす

このような場合，直接使役であっても「-させ」形が使われる．

(39)　a.　ラッシュアワーの電車をこれ以上混ませては，危険だ．
　　　b.　立っている人を後ろから押してよろけさせた．

この種の生産性は，デフォルト規則としての性質を示している．「-させ」使役は，語彙的使役とは対照的に完全に生産的で，意味的な整合性さえあればどのような単純動詞にもつくことができるし，さらに，種々の複合動詞，派生動詞，「て」形動詞にも，ごく自然につくことができる（(40a)）．語彙の種類においても，「-させ」は，漢語，外来語，新造語などにもつくことができる（(40b)）など，完全な生産性を見せる．

(40)　a.　くやしがらせる，やり終えさせる，食べ過ぎさせる，もって来させる

　　　　b. 激怒させる，サボらせる，ハモらせる，事故らせる，コピらせる

語彙的使役は，このような語につくことはできない(「事故る → #事故す」など).

　以上のような観察から，「-させ」使役は規則性，生産性ともに，デフォルト規則としての性質を十分に備えていると言える．それに対して，語彙的使役は，形態の不規則性とその適用範囲が限定されていることなどから，レキシコンにおいて動詞語幹との関係を連想記憶によって結ぶ形でリストされていると考えられる．

4.3.3　使役化接辞の脳内メカニズム

　このように，「-させ」使役が，「-さ」による名詞化と同様のデフォルト規則の性質を示すのに対し，語彙的使役が「-み」接辞付加同様の連想記憶に支えられるものであるとすれば，両者の相違が何らかの形で，脳内メカニズムの相違として観察されることが予測される．そこで，筆者らをメンバーとするグループは，この2タイプの使役動詞形成について，失語症患者を被験者とした実験を行っている．この研究プロジェクトは進行中であり，未解決の問題も多いが，ここでは失文法症状を示す失語症患者を対象とした，使役動詞形成の能力に関わる実験と，使役動詞の項構造理解に関わる実験の結果を報告する．(詳細については Sugioka et al. (2001) を参照.)

<使役動詞形成に関わる実験>

　4.3.2節で見たように，「-させ」使役は被使役者の意図的行為を引き起こすものであるため，無生物を被使役者とする文脈では，語彙的使役のみが容認される．一方，語彙的使役は直接的な使役をあらわすため，被使役者が自発的に行為を行っているような文脈では，用いにくい．このような意味上の相違を利用して，3つの実験用文脈を作った．

　(41)　a.　非使役文: 生徒が校庭に並んだ．

  b. 語彙的使役文: 生徒がトランプのカードを {並べた / *並ばせた}.
  c. 「−させ」使役文: 先生が生徒を大声で一列に {並ばせた / *並べた}.

このような3タイプの文を，15の動詞語幹について用意した（e.g. 届く / 届ける / 届かせる，あがる / あげる / あがらせる，回る / 回す / 回らせる）．これらの刺激文の，動詞の語尾部分を空白にしたもの（届（　）た）を用いて，被験者に適切と思われる形を埋めてもらう産出課題と，それぞれの文の動詞部分に，3つの形（届いた，届けた，届かせた）から適切なものを1つ選んでもらう選択課題とを，1～2カ月の間をおいて同一の被験者に対して行った．被験者は，失文法症状を示す3名の患者である．

 「−させ」使役がデフォルト規則の適用によって形成されるのに対し，語彙的使役は連想記憶によって処理されるというDM仮説を採れば，失文法患者は，語彙的使役には非使役文同様に問題が生じないが，「−させ」使役には問題があることが予測される．

 産出課題の結果を図6，選択課題の結果を図7にそれぞれ示す．

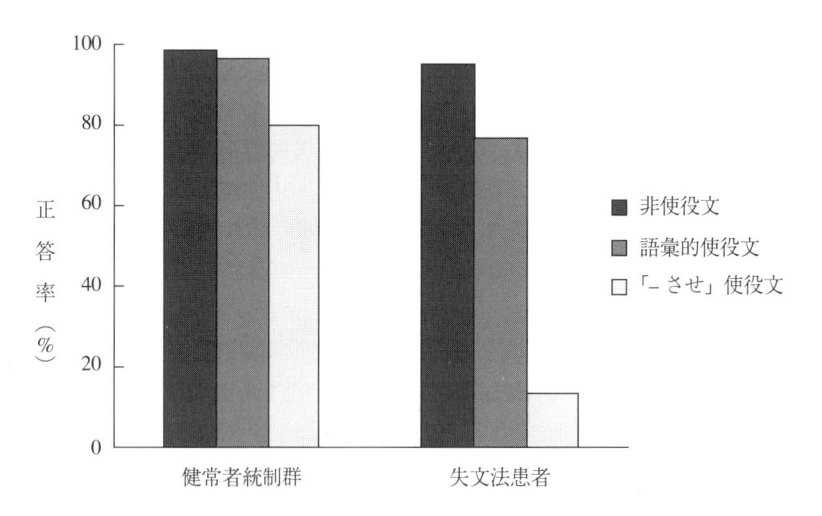

図6 失文法患者の産出課題正答率

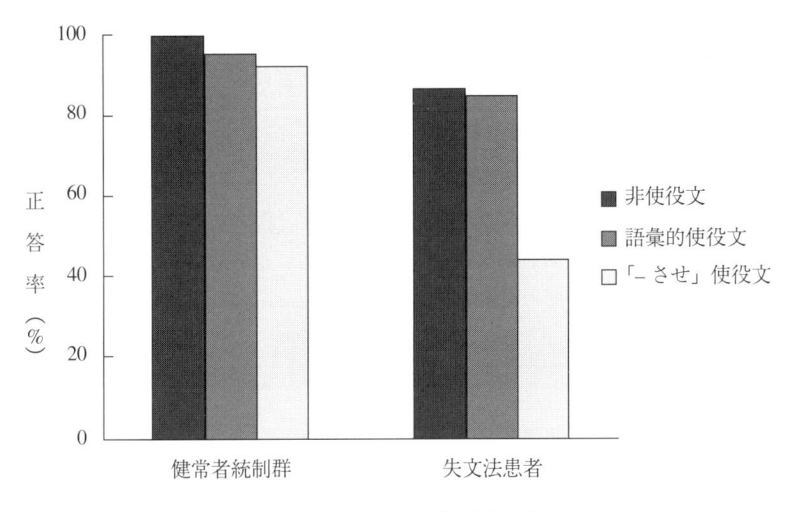

図7 失文法患者の選択課題正答率

いずれの課題でも，予測どおり，失文法患者は「−させ」使役で，正答率が有意に下がっている．特に，産出課題における患者の「−させ」使役の正答率の低さ（13.3%）は突出しており，「−させ」付加がほとんど機能していないことがわかる．また，選択課題の結果は，失文法患者が「−させ」付加ができないだけでなく，その理解もできないことを示している．

<項構造の理解に関わる実験>

上の実験から，予測どおり，失文法患者が「−させ」使役の産出・理解に困難をきたすことがわかるが，これは，「−さ」付加の場合と同様の接辞付加プロセスの問題であるのか，それに加えて項構造の変化の計算に問題が生じているのか，判然としない．そこで，第二の実験として，「−させ」使役と語彙的使役とで項構造の理解に差が出るかどうかを見る目的で，使役文とその内容をあらわす絵とのマッチング実験を行った．

刺激文は，語彙的使役と「−させ」使役とで語幹を共有するもの（(42a)，(43a)）を10語ずつ，語幹を共有しないもの（(42b)，(43b)）を10語ずつ，各動詞を異なる2文で用いて計40文を用意した．θ役割を逆転した

2枚の絵((42a)の例で言えば，太郎が花子を車に乗せている絵と，花子が太郎を車に乗せている絵)を用いて，文の内容に合う絵を選んでもらう課題を行うため，主語，目的語ともに人間であるように文を作ってある．

(42) a. 太郎が花子を車に乗せた
  b. 太郎が花子を水中に沈めた
(43) a. 太郎が花子を車に乗らせた
  b. 太郎が花子を廊下に立たせた

被験者は，前述の使役動詞形成に関わる実験と同じ3名の失文法症状の患者である．

「-させ」使役が規則によって形成されるという仮説が正しければ，「-させ」付加に伴う項構造の変化(基体動詞のもたない使役主項が付加され，基体動詞の動作主が被使役者項となり目的語としてあらわれる)も，その形成に伴って演算処理が行われるはずである．失文法患者が統語的な演算処理に障害をもつとすれば，「-させ」使役では項構造の演算処理も妨げられ，理解に困難をきたすことが予測される．これに対して語彙的使役で

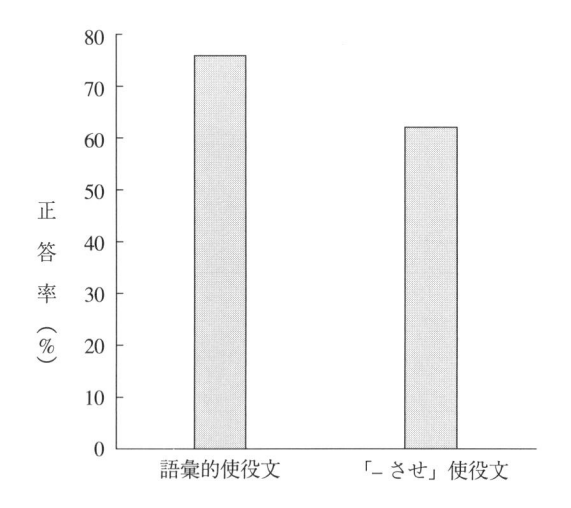

図8 失文法患者の項構造理解課題正答率

は，使役主を含む項構造がレキシコンにリストされているので，失文法患者は問題なく理解できることが予測される．

絵と文のマッチング課題の正答率を図8に示す．差は，予期されるほど大きくはないものの，語彙的使役と「−させ」使役とで，正答率には統計上の有意差が認められる．この結果は，「−させ」使役形成が，接辞付加だけでなく項構造の理解も，失文法患者にとって負担になっていることを示唆している．

<Fukuda and Fukuda（2001）の実験>

Fukuda and Fukuda（2001）は，「−させ」使役と語彙的使役についての，SLI（特異性言語障害：⇒ 4.1.6）の子供と健常児との比較を行っている．この研究は DM 理論の枠組みで行われているものではないが，その結果は「−させ」使役の DM 分析を支持する証拠となるものなので，ここで紹介したい．

この実験では，非使役文（「こまが回る」），語彙的使役文（「たかし君がこまを回す」），受動文（「山本さんが和子さんに押された」），「−させ」使役文（「たか子さんがえみちゃんにグランドを走らせる」）という4タイプの文，各30文を刺激文としている．それぞれ，文末動詞の活用部分を空所にした文（e.g.「こまがまわ（　）」）を被験者に見せ，対応する絵を見て空所を埋めてもらう産出課題である．回答は，現在形でも過去形でも，動詞の形があっていれば正解としている．被験者は日本語を母語とする子供で，SLI児（7〜12歳）8名，同年齢の健常児8名（7〜12歳），年齢の低い健常児8名（4〜6歳）である．

実験の結果は次ページの図9に示したとおりである．SLI児は，非使役文と語彙的使役文とでは，ほぼ低年齢健常児と同じ成績である．これは，レキシコンの獲得が，SLI児では健常児よりも若干遅れていることを意味するものであろう．ただし，語彙的使役文については，被験者のいずれの2グループ間にも，その成績に統計上の有意差は認められていない．一方，受動文と「−させ」使役文とでは，SLI児は同年齢健常児・低年齢健常児どちらのグループと比較しても，有意に低い正答率になっている．

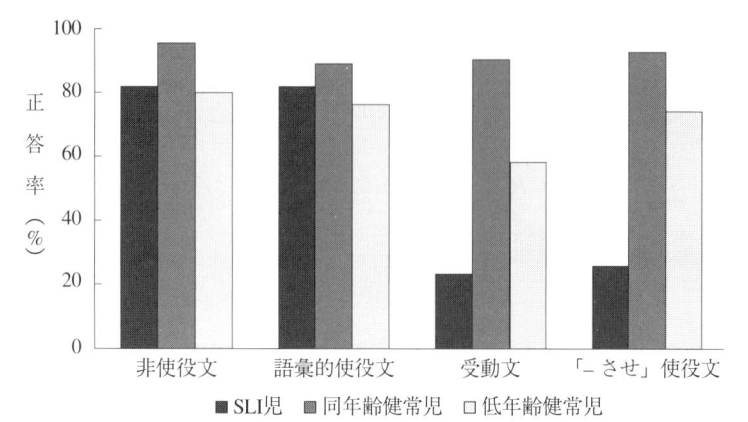

図9 産出課題正答率（Fukuda and Fukuda (2001) より）

（縦軸：正答率(%)、横軸：非使役文、語彙的使役文、受動文、「-させ」使役文。凡例：■SLI児　■同年齢健常児　□低年齢健常児）

　ここで本章の興味の焦点である，語彙的使役と「-させ」使役を比較すれば，明らかに後者に，SLI児の明確な障害を見て取ることができる．SLI児は，言語機能の中でも規則的な側面に障害があることが知られており，頻度の低い規則動詞や実験用新語に，規則活用を適用できないという実験結果が報告されている（Pinker 1999, Chap. 9）．その事実と照らし合わせて考えれば，Fukuda and Fukuda の実験結果は，「-させ」使役がデフォルト規則による演算処理であるという DM 仮説を支持するものである．

　以上のような複数の独立した研究の結果は，「-させ」接辞の付加が，「-さ」付加や動詞の規則活用と同様に，規則という心的メカニズムを用いていること，そしてその一方で，語彙的使役が，「-み」付加や不規則活用と同様に，連想記憶という心的メカニズムを用いていることを，強く示唆するものである．さらに，失文法患者の被験者は，項構造の理解の成績も「-させ」使役のほうが悪いことから，項構造の変更に関わる処理においても，「-させ」使役では，語彙的使役と異なり，演算処理のメカニズムを用いている可能性が大きいと言える．

　筆者らの失語症患者の実験プロジェクトは，現在進行中のものであり，さまざまな問題が未解決である．たとえば，図6に示されているように，産出課題では，患者の語彙的使役の成績が非使役文よりも悪い．ここでは

詳細には立ち入らないが，同じ傾向が，項構造理解の実験においても観察されている．語彙的使役はネットワーク的な形でレキシコンにリストされると考えるDM仮説では，この相違は予測できない．どのような原因によってこの差が生じているのか，今後の検討が必要である．また，失文法患者は「－させ」使役における項構造の計算にも問題があるという結果を得たわけであるが，その演算処理とは具体的にどのようなものなのか，それが一般に理解されているブローカ野の機能と，どのように結びつけて考えられるのか，といった問題も未解決である．しかし，少なくともDMモデルが，使役動詞形成のような項構造の変更を含む語形成に関しても適用できること，すなわち，規則による語形成に伴う項構造の変更の計算と，レキシコンにリストされる語同士の関連づけでは，異なる心的メカニズムが用いられているという可能性が，この研究で明らかになったと言ってよいだろう．

4.4　ま　と　め

　本章では，形態操作に用いられる心的・脳内メカニズムの相違が，規則性の相違に反映されているという視点から，屈折と派生についてDM仮説の妥当性を検討してきた．Pinkerらの主張する屈折についてのDM仮説は，さまざまな言語事実だけでなく，広汎な実験研究の成果に支えられ，強い説得力をもつ理論となっている．一方，派生形態論におけるDM仮説の検証は，まだ非常に手薄な状況であるが，ここでは筆者らがメンバーであるグループによる，日本語の名詞化接辞と使役動詞形成に関する研究の結果を例にとって，派生においてもこの理論が有効であることを見た．
　第2章と第3章で見てきたように，派生形態論のさまざまな語形成過程は，項構造という統語的な語彙表示が関与するものか，LCSのような意味構造に言及するものか，という区別に連動して，生産性と意味の透明性の相違が観察される．この生産性と規則性は，単純に1かゼロかという二分法で分けられるものではない．しかし，そのような段階的な差の中で，完全な生産性を有する語形成（規則による語形成）と，それ以外のさまざま

な段階の生産性をもつ語形成(レキシコンにリストする語形成)という二分法が可能であることが，第3章の結論で明らかになった(⇒ 3.5，表1, 2)．このような二分法は，本章で展開してきた心的・脳内メカニズムの視点から見ても，妥当なものであると言える．なぜならば，ここで支持してきたDMモデルによれば，演算処理に基づく語形成は完全に規則的であるのに対して，連想記憶による基体語と派生語の関連づけは，それを支える連想記憶のネットワークの強弱に応じて，段階的な規則性をもつことが予測されるからである．繰り返し述べてきたように，派生形態論におけるDM仮説の検証は，まだ始まったばかりであるが，本章で紹介したような研究の積み重ねによって，語形成過程の特徴とも言える，語彙性と規則性という相反する性質の共存の仕組みが，さらに明らかになることを期待したい．

第5章 ま と め

　語は,「語彙性」と「規則性・生産性」という相反する性質を,同時に併せもっている.本書では,そのような二面性を軸に,さまざまな語形成プロセスを考察してきた.第2章では,述語とその項との文法関係を表示する項構造と,より細かな意味関係を表示する語彙概念構造(LCS)に焦点をあて,それぞれの表示が関与すると考えられる語形成プロセスを検討した結果,項構造レベルのプロセスは規則性に,意味表示の関わるプロセスは語彙性に傾く性質をもつことがわかった.第3章では,名詞化や複合語形成という同じ機能をもちながら,異なるレベルで扱うべきであると分析できる語形成プロセスがあることを見た.ここでも,関与するレベルと語彙性・規則性との間に関連が見られた.さらに,第4章では,規則性の度合いについて段階的な差を見せる語形成プロセスの中で,阻止のような明らかな理由がある場合以外には,完全な生産性・規則性を示すプロセスと,それ以外のさまざまな程度の生産性・規則性を有するプロセスとの間に,用いられている心的・脳内メカニズムという観点から一線を引くことができることを見た.つまり,デフォルト規則の性質をもつプロセスと,それ以外のプロセスとの相違は,規則と連想記憶という異なるメカニズムに由来すると考えるに足る証拠を得たことで,生産性・規則性の程度の差ではなく,質的な違いを含むものである可能性が強くなった.
　ここで得られた,英語と日本語の語形成のもつ二面性についての知見は,語形成を文法理論の中でどう扱うかという問題に対して,次のような示唆を含むものである.1.6節で紹介したように,生成文法の枠組みによる語形成研究においては,すべての語形成を記憶装置としてのレキシコン

で扱う立場，逆にすべての語形成が統語原則に従うとする立場，および語形成にはレキシコンと統語部門の両方が関わるとする立場がある．語形成に見られる規則性をどこで扱うか，という点に関わる議論は，(i) 語形成プロセスに見られる規則性は，句の形成に見られる種々の統語原則と同じ原則に従うか，(ii) 語形成が句の形成と同様の完全な生産性・規則性を見せるか，という2点に集約できる．

最近のミニマリスト統語論では，(i) の論点から語形成プロセスの統語分析が盛んである (Hale and Keyser の一連の論文: ⇒ 2.3.1)．また，ミニマリスト統語論と整合する新たな形態理論として注目を集めている，分散形態論 (Distributed Morphology; Halle and Marantz 1993) の枠組みでは，統語操作は語や形態素ではなく，形態統語素性と意味素性の束に対して適用される．統語操作のアウトプットと PF (Phonological Form) とをつなぐレベルとして形態構造 (Morphological Structure) を仮定し，そこで主要部移動などの操作を受けた後の形態統語素性・意味素性を，音韻素性に結びつけることにより，いわゆる語彙挿入が起こると考えるのである．語彙挿入を統語派生の後に位置づけることで，語(あるいは形態素)として実現されるものを産出する派生が，統語部門の種々の操作によるものであり，したがって統語原則に従うことが必然的な結果として導かれることになる．言い換えれば，分散形態論は，(i) が正しいことを前提として組み立てられた枠組みであると言ってよい．このような，語形成を統語原理で扱う枠組みは，(i) と同時に (ii) も正しいと主張することになると思われる．また，逆に，すべての語形成を記憶装置としてのレキシコンで扱うとする強力な語彙論 (Strong Lexicalism) は，(i) も (ii) も正しくない，という主張をすることになろう．

しかしながら，本書で再三述べてきたように，語形成に関わる種々のデータは，すべての語形成プロセスについて，(ii) に統一的な答えを出すことはできないことを示している．語形成の中でもほぼ完全な生産性を見せる一群のプロセスは，演算処理による規則派生としてとらえることができ，これらについては (ii) も正しいと言える．一方，限られた生産性しかもたず，語彙的な側面を見せる語形成はレキシコンで扱うのが妥当であ

り，これらを含めてすべての語形成を統語原則で扱うのは，無理があると言わざるをえない．レキシコンであれ，統語部門であれ，すべての語形成を統一的に扱おうとするアプローチは，より簡素な文法理論の枠組みを可能にするという意味で，望ましいものであるかもしれないが，そのような理論的な要請だけを重視していると，本書で検討してきたような語の「二面性」を見落とすことになるのである．

　本書で見てきた，規則的な語形成と語彙性の高い語形成との違いは，屈折と派生の区別と一致するものではないことにも注意したい．第4章で見たように，屈折であっても高い語彙性を示し，規則ではなくレキシコンで扱われるものがあり，一方，派生の中にも規則で扱うべきものがあり，語彙性と規則性の問題は，屈折・派生両者に平行して観察されるものである．従来，形態論の中でも屈折だけを統語部門で扱うとする立場もあったが（⇒ 1.6），そのような単純な二分法では，この問題を正しくとらえることはできない．屈折が，派生と異なり，時制や数などの統語素性に関わるのは確かであるが，そのような形態変化のもつ機能とは別のレベルで，この二面性が働いていると考えられる．

　3.5節の表1, 2にまとめたように，段階的な生産性・規則性は，その語形成プロセスにどのような語彙表示レベルが関与しているかという面から説明される．そして，記憶装置としてのレキシコンと演算装置としての規則とのどちらで扱うべきかの境界は，LCSと項構造との境界とは一致せず，項構造はレキシコンにおける語形成にも，規則による語形成にも関与している．これは，項構造が，語彙情報と統語構造とを結びつける語彙情報であることを反映していると考えられる．

　本書では，英語と日本語の言語事実を考察対象としてきた．語形成について考える際に，英語のみならず日本語を視野に入れることには，大きな意味がある．日本語は膠着型言語であるので，接辞に文法的な機能をもたせることが多いのに対して，英語は分析型言語で，同じ構文に機能語を使う傾向が強い．たとえば，4.3節で見た使役化を思い出してみよう．英語では使役動詞を用いて，迂言的な埋め込み表現であらわすが（e.g. John *made* Mary *cry.*），日本語は「－させ」という接尾辞を用いて，1語の使

役動詞を形成して表現する(太郎が花子を泣かせる)．これらは同じ機能をもち，同じ生産性・規則性を有する表現であるが，日本語の場合はそれが語であらわされることから，形態的な緊密性をもつのに対して，英語ではそうではないという違いが見られる(*太郎は花子を立ち，昌子を座らせた / John made Mary stand up and Jane sit down.)．また，「泣かせ」という連用形がさらなる派生語を生むことができるのに対して(「親泣かせ，泣かせ上手」)，英語の使役表現はそれができない(*baby-make-crying)．このように，語形成が関わる構文は言語によって大きく異なることがあるので，類型論的に異なる英語と日本語のような言語を比較対照することの意義は大きい．

　また，第4章で，二重メカニズム(DM)理論が日本語の派生接辞にも適用できることを見てきたが，ここでも日本語のデータが，先行研究からは引き出すことのできない論点を支えている．先行研究は，英語・ドイツ語の屈折を中心に分析しており，そこでは規則的な屈折は接辞付加の形をとる(walk / walked)のに対し，連想記憶による屈折は，母音変化をはじめとするさまざまな基体の音韻変化を伴うものが多い(sing / sang, sleep / slept などのいわゆる強変化)という相違がある．したがって，この2タイプの屈折に見られるさまざまな相違が，(主張されているような心的メカニズムの差によるものではなく)このような形態変化の相違によるものだという可能性が排除できない．これに対して，4.2節で見た「-さ」と「-み」による名詞化は，いずれも基体に音韻変化を引き起こさない単純な接辞付加でありながら，規則と連想記憶に特有の相違を見せる．このことから，音韻変化の有無といった表面的な形態変化の相違は関係なく，心的メカニズムの差がこの2つのプロセスの相違を決定する要因であることがわかる．このように，英語やそれに類似した言語のみを対象とせず，日本語のような言語のデータを同じ理論的枠組みで考察することは，より普遍性の高い文法理論の構築には必須であると言える．

　語形成は，伝統的には形態論という独立した領域で扱われ，統語部門との関係やその規則性などが大きな論点になったのは，生成文法理論の枠組みでの研究が盛んになってからである．形態論が，語のもつ規則性に目を

向けるようになったことの意義は大きい．しかしその一方で，語のもつ特異性，語彙性を見落とさないようにすることも大切である．たとえば，統語論研究で明らかになった原理が，語形成に一部適用できると考えられるからといって，すべての語形成がそれで解明できるとは限らない．このように，語の仕組みを検討する形態論という分野は，語の二面性に常に目配りする必要を迫るものである．そして，その二面性とは，実は言語そのものがもつ2つの相反する側面にほかならないのである．すなわち，形と意味の恣意的な結びつきが記憶されている，レキシコンという静的な側面と，構成要素を規則的に組み立てて構造を作る派生・演算という，動的な側面である．その両方を射程に含む語形成の研究は，必然的に，理論上の意義と実証的なデータとのバランスのとれた研究を生み出す素地をもっており，そこに形態論のおもしろさがあると言える．

参 考 文 献

Adams, Valerie (2001) *Complex Words in English*, Longman / Pearson Educations, Essex.
Allen, Margaret (1978) *Morphological Investigations*, Ph.D. dissertation, University of Connecticut.
Aronoff, Mark (1976) *Word Formation in Generative Grammar*, MIT Press, Cambridge, MA.
Baker, Mark (1985) "Syntactic Affixation and English Gerunds," *WCCFL* 4, 1–11.
Baker, Mark (1988) *Incorporation: A Theory of Grammatical Function Changing*, University of Chicago Press, Chicago.
Bauer, Laurie (2001) *Morphological Productivity*, Cambridge University Press, Cambridge.
Borer, Hagit (1988) "On the Morphological Parallelism between Compounds and Constructs," *Yearbook of Morphology* 1, 45–65, Foris, Dordrecht.
Bresnan, Joan (1982) "The Passive in Lexical Theory," *The Mental Representation of Grammatical Relations*, ed. by Joan Bresnan, 3–86, MIT Press, Cambridge, MA.
Brodmann, Korbinian (1909) *Vergleichende Lokalisationslehre der Groshirnrinde in iheren Prinzipien Dargestellt auf Grund des Zellenbaues*, J. A. Barth, Leipzig.
Burzio, Luigi (1986) *Italian Syntax*, Reidel, Dordrecht.
Bybee, Joan L. and Carol Lynn Moder (1983) "Morphological Classes as Natural Categories," *Language* 59, 251–270.
Bybee, Joan L. and Dan I. Slobin (1982) "Rules and Schemes in the Development and Use of the English Past Tense," *Language* 58, 265–

289.

Chomsky, Noam (1970) "Remarks on Nominalization," *Readings in English Transformational Grammar*, ed. by Roderick A. Jacobs and Peter S. Rosenbaum, 184–221, Ginn, Waltham.

Clark, Eve V. and Herbert H. Clark (1979) "When Nouns Surface as Verbs," *Language* 55, 767–811.

Di Sciullo Anna-Maria and Edwin Williams (1987) *On the Definition of Word*, MIT Press, Cambridge, MA.

Fabb, Nigel (1984) *Syntactic Affixation*, Ph.D. dissertation, MIT.

Fukuda, Shinji and Suzy E. Fukuda (2001) "An Asymmetric Impairment in Japanese Complex Verbs in Specific Language Impairment," *Cognitive Studies* (『認知科学』) 8 (1), 63–84.

Gordon, Peter (1985) "Level-ordering in Lexical Development," *Cognition* 21, 73–93.

Grimshaw, Jane (1990) *Argument Structure*, MIT Press, Cambridge, MA.

萩原裕子 (1998) 『脳にいどむ言語学』岩波書店, 東京.

Hagiwara, Hiroko, Yoko Sugioka, Takane Ito, Mitsuru Kawamura, and Junichi Shiota (1999) "Neurolinguistic Evidence for Rule-based Nominal Suffixation," *Language* 75, 739–763.

Hale, Kenneth and Samuel J. Keyser (1993) "On Argument Structure and the Lexical Expression of Syntactic Relations," *The View from Building 20: Essays in Linguistics in Honor of Sylvain Bromberger*, ed. by Kenneth Hale and Samuel J. Keyser, 53–109, MIT Press, Cambridge, MA.

Hale, Kenneth and Samuel J. Keyser (1997) "On the Complex Nature of Simple Predicators," *Complex Predicates*, ed. by Alex Alsina, Joan Bresnan, and Peter Sells, 29–65, CSLI, Stanford.

Halle, Morris and Alec Marantz (1993) "Distributed Morphology and the Pieces of Inflection," *The View from Building 20: Essays in Linguistics in Honor of Sylvain Bromberger*, ed. by Kenneth Hale and Samuel J. Keyser, 111–176, MIT Press, Cambridge, MA.

Hoekstra, Teun (1986) "Deverbalization and Inheritance," *Linguistics* 24, 549–584.

Ito, Takane (1991) "C-selection and S-selection in Inheritance Phenom-

ena," *English Linguisitcs* 8, 52–67.
Ito, Takane (1994) "A Note on the Distinction between Direct and Indirect Arguments," *Language, Information, Text* 1, 166–173, 東京大学.
Ito, Takane (1996) "Non-Inheritance of Marked Lexical-Syntactic Properties,"『長谷川欣佑教授還暦記念論文集』, 93–104, 研究社, 東京.
伊藤たかね (2002)「二重メカニズムモデルと語彙情報の「継承」: 英語の名詞化の場合」『文法理論: レキシコンと統語』, 225–248, 東京大学出版会, 東京.
Jackendoff, Ray (1975) "Morphological and Semantic Regularities in the Lexicon," *Language* 51, 639–671.
Jackendoff, Ray (1990) *Semantic Structures*, MIT Press, Cambridge, MA.
Jaeger, Jeri J., Alan H. Lockwood, David L. Kemmerer, Robert D. Van Valin, Brian W. Murphy, and Hanif G. Khalak (1996) "A Positron Emission Tomographic Study of Regular and Irregular Verb Morphology in English," *Language* 72, 451–497.
Kageyama, Taro (1985) "Configurationality and the Interpretation of Verbal Compounds," *English Linguistics* 2, 1–20.
影山太郎 (1993)『文法と語形成』ひつじ書房, 春日部.
影山太郎 (1996)『動詞意味論: 言語と認知の接点』くろしお出版, 東京.
Kageyama, Taro (1997) "Denominal Verbs and Relative Salience in Lexical Conceptual Structure," *Verb Semantics and Syntactic Structure*, ed. by Taro Kageyama, 45–96, Kurosio, Tokyo.
影山太郎 (1999)『形態論と意味』くろしお出版, 東京.
影山太郎・由本陽子 (1997)『語形成と概念構造』研究社, 東京.
Kim, John J., Gary F. Marcus, Steven Pinker, Michelle Hollander, and Marie Coppola (1994) "Sensitivity of Children's Inflection to Grammatical Structure," *Journal of Child Language* 21, 173–209.
Kim, John J., Steven Pinker, Alan Prince, and Sandeep Prasada (1991) "Why No Mere Mortal Has Ever Flown Out to Center Field," *Cognitive Science* 15, 173–218.
金水 敏 (1994)「連帯修飾の『〜タ』について」田窪行則編『日本語の名詞修飾表現』, 29–65, くろしお出版, 東京.
Kiparsky, Paul (1982) "Lexical Morphology and Phonology," *Linguistics*

in the Morning Calm: Selected Papers from SICOL-1981, ed. by Linguistic Society of Korea, 3–91, Hansin, Seoul.

Kiparsky, Paul (1997) "Remarks on Denominal Verbs," *Complex Predicates*, ed. by Alex Alsina, Joan Bresnan, and Peter Sells, 473–499, CSLI, Stanford.

窪薗晴夫 (1995)『語形成と音韻構造』くろしお出版, 東京.

Kuroda, Shigeyuki (1965) *Generative Grammatical Studies in the Japanese Language,* Ph.D. dissertation, MIT. [Published by Garland, 1979]

Lees, Robert B. (1960) *The Grammar of English Nominalizations*, Mouton, The Hague.

Levin, Beth and Tova R. Rapoport (1988) "Lexical Subordination," *CLS* 24, 275–289.

Levin, Beth and Malka Rappaport (1986) "The Formation of Adjectival Passives," *Linguistic Inquiry* 17, 623–661.

Levin, Beth and Malka Rappaport (1988) "Non-event -*er* Nominals: A Probe into Argument Structure," *Linguistics* 26, 1067–1083.

Levin, Beth and Malka Rappaport Hovav (1995) *Unaccusativity: At the Syntax-Lexical Semantics Interface*, MIT Press, Cambridge, MA.

Lieber, Rochelle (1983) "Argument Linking and Compounding in English," *Linguistic Inquiry* 14, 251–286.

Lieber, Rochelle (1992) *Deconstructing Morphology*, University of Chicago Press, Chicago.

Lieber, Rochelle (1998) "The Suffix -*ize* in English: Implications for Morphology," *Morphology and Its Relation to Phonology and Syntax*, ed. by Steven G. Lapointe, Diane K. Brentari, and Patrick M. Farrell, 12–33, CSLI, Stanford.

Marantz, Alec P. (1984) *On the Nature of Grammatical Relations*, MIT Press, Cambridge, MA.

Marin, Oscar S. M., Eleanor M. Saffran, and Myrna F. Schwartz (1976) "Dissociations of Language in Aphasia: Implications for Normal Function," *Origins and Evolution of Language and Speech* (*Annals of the New York Academy of Sciences, vol. 280*), ed. by Stevan R. Harnad, Horst D. Steklis, and Jane Lancaster, 868–884, The New York Academy of Sciences, New York.

Matsumoto, Yo (1996) *Complex Predicates in Japanese*, CSLI, Stanford / Kurosio, Tokyo.

McCawley, James D. (1973) "Prelexical Syntax," *Grammar and Meaning*, ed. by James D. McCawley, 343–356, Taishukan, Tokyo.

Miyagawa, Shigeru (1989) *Syntax and Semantics 22: Structure and Case Marking in Japanese*, Academic Press, San Diego.

西尾寅弥 (1961)「動詞の連用形に関する一考察」『国語学』43, 60–81. ［斉藤倫明・石井正彦編 (1997)『語構成』, 192–212, ひつじ書房, 東京］

Perlmutter, David (1978) "Impersonal Passives and the Unaccusative Hypothesis," *BLS* 4, 157–189.

Perlmutter, David and Paul Postal (1984) "The 1-Advancement Exclusiveness Law," *Studies in Relational Grammar 2*, ed. by David Perlmutter and Carol Rosen, 81–125, University of Chicago Press, Chicago.

Pinker, Steven (1991) "Rules of Language," *Science* 253, 530–535.

Pinker, Steven (1999) *Words and Rules: The Ingredients of Language*, Basic Books, New York.

Pinker, Steven and Alan Prince (1991) "Regular and Irregular Morphology and the Psychological Status of Rules of Grammar," *BLS* 17, 230–251. [Reprinted in *The Reality of Linguistic Rules*, ed. by Susan D. Lima, Roberta L. Corrigan, and Gregory K. Iverson (1994), 321–351, John Benjamins, Amsterdam]

Plag, Ingo (1998) "The Polysemy of -*ize* Derivatives: On the Role of Semantics in Word Formation," *Yearbook of Morphology 1997*, ed. by Geert Booij and Jaap van Marle, 219–242, Kluwer, Dordrecht.

Prasada, Sandeep and Steven Pinker (1993) "Generalisation of Regular and Irregular Morphological Patterns," *Language and Cognitive Processes* 8, 1–56.

Pustejovsky, James (1991) "The Syntax of Event Structure," *Cognition* 41, 47–81.

Pustejovsky, James (1995) *The Generative Lexicon*, MIT Press, Cambridge, MA.

Quirk, Randolph, Sidney Greenbaum, Geoffrey Leech, and Jan Svartvik

(1985) *A Comprehensive Grammar of the English Language*, Longman, London.

Rappaport, Malka (1983) "On the Nature of Derived Nominals," *Papers in Lexical-Functional Grammar*, ed. by Lorraine Levin, Malka Rappaport, and Annie Zaenen, 113–142, Indiana University Linguistics Club.

Rappaport, Malka and Beth Levin (1988) "What to Do with θ-Roles," *Syntax and Semantics* 21: *Thematic Relations*, ed. by Wendy Wilkins, 7–36, Academic Press, San Diego.

Rappaport Hovav, Malka and Beth Levin (1992) "*-er* Nominals: Implications for the Theory of Argument Structure," *Syntax and Semantics* 26: *Syntax and the Lexicon*, ed. by Tim Stowell and Eric Wehrli, 127–153, Academic Press, San Diego.

Roeper, Thomas (1987) "Implicit Arguments and the Head-Complement Relations," *Linguistic Inquiry* 18, 267–310.

Roeper, Thomas and Muffy Siegel (1978) "A Lexical Transformation for Verbal Compounds," *Linguistic Inquiry* 9, 199–260.

佐竹秀雄編 (1989) 『言語生活の目』筑摩書房, 東京.

沢木幹栄編 (1989) 『言語生活の耳: 話し言葉メモ帳 1951–88』筑摩書房, 東京.

Selkirk, Elizabeth (1982) *The Syntax of Words*, MIT Press, Cambridge, MA.

Shibatani, Masayoshi (1976) "Causativization," *Syntax and Semantics* 5: *Japanese Generative Grammar*, ed. by Masayoshi Shibatani, 239–294, Academic Press, New York.

島村礼子 (1990) 『英語の語形成と生産性』リーベル出版, 東京.

Siegel, Dorothy (1974) *Topics in English Morphology*, Ph.D. dissertation, MIT.

Spencer, Andrew (1991) *Morphological Theory*, Blackwell, Oxford.

Stanners, Robert F., James J. Neiser, William P. Hernon, and Roger Hall (1979) "Memory Representation for Morphologically Related Words," *Journal of Verbal Learning and Verbal Behavior* 18, 399–412.

Sugioka, Yoko (1986) *Interaction of Derivational Morphology and Syntax in Japanese and English*, Garland, New York.

杉岡洋子 (1989)「派生語における動詞素性の受け継ぎ」久野暲・柴谷方良編『日本語学の新展開』, 167–185, くろしお出版, 東京.

Sugioka, Yoko (1992) "On the Role of Argument Structure in Nominalization,"『日吉紀要　言語・文化・コミュニケーション』10, 53–80, 慶應義塾大学.

Sugioka, Yoko (1996) "Regularity in Inflection vs. Derivation: Rule vs. Analogy in Deverbal Compound Formation," *Acta Linguistica* 45, 231–253, Hungarian Academy of Sciences, Budapest.

杉岡洋子 (1998)「動詞の意味構造と付加詞表現の投継」『平成9年度COE形成基礎研究費成果報告 (2) 先端的言語理論の構築とその多角的な実証 (2A)』, 341–363, 神田外語大学.

Sugioka, Yoko (2001) "Event Structure and Adjuncts in Japanese Deverbal Compounds," *Journal of Japanese Linguistics* 17, 83–108.

Sugioka, Yoko (2002) "Incorporation vs. Modification in Japanese Deverbal Compounds," *Proceedings of Japanese / Korean Linguistic Conference 10*, 496–509, CSLI, Stanford.

Sugioka, Yoko and Rachel Lehr (1983) "Adverbial -ly as an Inflectional Affix," *CLS Parasession on the Interplay of Phonology, Morphology, and Syntax*, 293–300, Chicago Linguistic Society, Chicago.

Sugioka, Yoko, Takane Ito, and Hiroko Hagiwara (2001), "Computation vs. Memory in Japanese Causative Formation: Evidence from Agrammatic Aphasics," *Cognitive Studies* (『認知科学』) 8 (1), 37–62.

Tagashira, Yoshiko and Jean Hoff (1986) *Handbook of Japanese Compound Verbs*, Hokuseido Press, Tokyo.

Tenny, Carol (1994) *Aspectual Roles and the Syntax-Semantics Interface*, Kluwer, Dordrecht.

Tsujimura, Natsuko (1992) "Licensing Nominal Clauses: The Case of Deverbal Nominals in Japanese," *Natural Language and Linguistic Theory* 10, 477–522.

Ullman, Michael (1999) "Acceptability Ratings of Regular and Irregular Past-tense Forms: Evidence for a Dual-system Model of Language from Word Frequency and Phonological Neighbourhood Effects," *Language and Cognitive Processes* 14, 47–67.

Ullman, Michael, Susan Corkin, Marie Coppola, Gregory Hickok, John

H. Growdon, Walter J. Koroshetz, and Steven Pinker (1997) "A Neural Dissociation within Language: Evidence that the Mental Dictionary Is Part of Declarative Memory, and that Grammatical Rules Are Processed by the Procedural System," *Journal of Cognitive Neuroscience* 9 (2), 288–299.

Vendler, Zeno (1967) *Linguistics in Philosophy*, Cornell University Press, Ithaca, NY.

Wasow, Thomas (1977) "Transformations and the Lexicon," *Formal Syntax*, ed. by Peter W. Culicover, Thomas Wasow, and Adrian Akmajian, 327–360, Academic Press, New York.

Williams, Edwin (1981a) "Argument Structure and Morphology," *The Linguistic Review* 1, 81–114.

Williams, Edwin (1981b) "On the Notions of 'Lexically Related' and 'Head of a Word'," *Linguistic Inquiry* 12, 245–274.

Xu, Fei and Steven Pinker (1995) "Weird Past Tense Forms," *Journal of Child Language* 22, 531–556.

由本陽子 (1996)「語形成と語彙概念構造: 日本語の「動詞+動詞」の複合語形成について」奥田博之教授退官記念論文集刊行会編『言語と文化の諸相: 奥田博之教授退官記念論文集』, 105–118, 英宝社, 東京.

Yumoto, Yoko (1997) "Verbal Prefixation on the Level of Semantic Structure," *Verb Semantics and Syntactic Structure*, ed. by Taro Kageyama, 177–204, Kurosio, Tokyo.

［用例検索資料］

Brown: *The Brown Corpus on the ICAME CD Rom.* (1991) Norwegian Computing Centre for the Humanities, Bergen, Norway.

『活用』:『新編英和活用大辞典』CD Rom 版 (1996) 研究社, 東京.

OED: *The Oxford English Dictionary*, 2nd ed. on Compact Disc. (1992) Oxford University Press, Oxford.

索　引

あ 行
アクセント　5–6, 12, 126–27, 129
アスペクト　25–26, 43, 77–78, 100
アナロジー　131–32, 139, 151–52, 154–55, 166–68, 179
意味格　98–99, 104–105
意味の透明性　97, 106, 135–36
受身　108–9, 121–22, 135
演算規則　80
演算処理　179, 185, 196
音便　136–38

か 行
外項　20, 31–35, 49, 51
下位事象（subevent）　24, 93, 117
外心　4
外心構造　113–14, 127, 156
階層構造　5
過剰一般化（overregularize）　147–48
–方　103–109
活動動詞（activity verb）　25–28
過程名詞　70
間接使役　181–82
間接内項　20, 44–42, 81–82
間接目的語　39–42
慣用表現の名詞化　108
機械的記憶（rote memory）　151–52
規則　142–44, 192, 197
規則活用　147–48
規則性　12, 14, 68, 97, 141, 147, 162, 185–86, 195
基本述語　116–17
逆形成（back formation）　124, 140
強力な語彙論（Strong Lexicalism）　17, 196

屈折接辞　2
句に付加する接辞　107
句の排除　7
計算処理（computation）　151–52
形式役割（Formal Role）　29–30, 58, 84–85, 91
形態素　2
形態的緊密性　133
形容詞受身（adjectival passive）→ 分詞形容詞
結果産物　128–29
結果述語　22–23
結果名詞　70, 83–84, 94–96, 98
語彙化（lexicalization）　9, 12, 13, 89, 136–38, 140, 165
語彙概念構造（Lexical Conceptual Structure）　19–20, 142–44
語彙性　10, 141, 147, 195
語彙的ギャップ　9–10, 67, 89, 96–97, 134, 164, 186
語彙的緊密性　6–8
語彙的使役（lexical causative）　181–83
語彙的統語構造　58–59
語彙的複合動詞　133
語彙論（Lexicalism）　16
語彙論的仮説（Lexicalist Hypothesis）　16, 185
項（argument）　19, 74
項構造（Argument Structure）　19–21, 30–31, 45–46, 142–44, 180–81, 197
項構造の受け継ぎ　102–103
項構造の計算　180, 189–91
項構造の継承　124
構成的（compositional）　9, 12, 13, 181

構成役割（Constitutive Role） 29–30
構造格　104, 111
項の受け継ぎ　97–99
項の継承　31
語義失語　160, 176–77, 179
語根複合語（root compound）　44
語の二股枝分かれ構造の制約　45
コントロール　76–77

さ　行
－さ　164–68
作成動詞　120–21
「－させ」使役　182–83
使役　108–9, 181
使役変化動詞　120–21
時間修飾語　77, 100
時間接辞　101–102
事象（event）　24
事象解釈　38, 76–78
事象構造（Event Structure）　29
事象コントロール　76–77
事象名詞　94–96, 98–100
失語症　159–61, 176, 187
失文法（agrammatism）　159–61, 176, 188–91
「自分」の解釈　183–84
主体役割（Agentive Role）　29–30, 84–85, 94
述語　130–31
述語動詞（だ）　119–21
述語名詞　125
受動分詞　39, 121–22
受動名詞　74–75
主要部（head）　4
照応形　134–35
照応不能領域　7
状態述語　115–16
状態動詞（stative verb）　25–28
状態変化動詞　118–19
焦点の移動　121–22
所有格名詞　75
心的メカニズム　192
数量詞遊離（quantifier float）　23
－する　111–13, 115–16, 118–21, 123
生産性　11–12, 14, 54–55, 79–80, 103, 106, 130, 141, 162, 164, 186–87, 195, 196
生産的（productive）　11
接辞　2
接辞付加　2
前頭葉　159–60
造語　139
総称性　38
総称性解釈　47
総称的　6
側頭葉　160, 179
阻止（blocking）　10
尊敬語　108
尊敬接辞　135

た　行
達成動詞（accomplishment verb）　25–28, 120
他動性調和の原則　138
単純事象名詞（simple event nominal）　70, 90, 99–103
－中、－後　101–102
直接使役　181–82
直接内項　20, 78–82
定項（constant）　24, 52, 85–87
デフォルト　155–57, 171–74
デフォルト規則　151–52, 163–68
転換（conversion）　3, 55, 87–88, 155–56
転換名詞　93, 104–105
テンプレート　29, 52–55, 62–63
統語的複合動詞　133
動作主接辞　109
動作性名詞　116, 124
動作動詞　117–18
投射（project）　20, 36–38, 75, 124
動詞由来複合語（deverbal compound）

36, 44–52, 110
動詞連用形　93, 126–28
到達動詞（achievement verb）　25–28
動名詞　69–70, 106–109
特異性（idiosyncrasy）　9
特異性言語障害（specific language impairment）　162, 191–92
特質構造（Qualia Structure）　29–30, 57–58, 84–85

な　行
内項　20
内項主語　50
内心　4
内心構造　125, 127, 129
名づけ　38, 48, 114
二重メカニズム　152, 198
二重目的語構文　39–41
ネットワーク　35, 88, 166, 179, 185
脳内メカニズム　161–62, 179, 187
脳部位　159–61

は　行
場所格交替（locative alternation）　40, 82
派生形態論　162
派生接辞　2
被影響　75
非終結的　77, 86
非対格（unaccusative）動詞　21–24, 32, 40, 50–51, 138–40
非能格（unergative）動詞　21–24, 32, 40, 138–40
頻度　151–54
付加詞（adjunct）　73–74, 98, 116, 117
不規則活用　147–48
不規則活用のパターン　148, 150–52
不規則形のパターン　154–55
複合（compounding）　3
複合語　43–44, 149–50
複合語アクセント　126

複合動詞　100–3, 132
複雑事象名詞（complex event nominal）　70, 99–103, 105–8
複雑述語　123
副詞の作用域　183–84
二股枝分かれ構造の制約　4
プライミング　157–59
ブローカ失語　159–60, 176–79
ブローカ野　159–61, 179
分散形態論　18, 196
分詞形容詞　38–43
並列複合語　4
変項（variable）　24
補充形（suppletion）　152

ま　行
−み　164–68
右側主要部規則　4, 31
名詞転換動詞（denominal verb）　55–59, 63–66, 86–88
メンタルレキシコン　8
目的役割（Telic Role）　29, 57–58

や・ら　行
与格交替（dative alternation）　40
類似性　151–52, 154–55, 169–71, 174
例外的格付与（ECM）構文　39
レキシコン　8, 142–44, 157–59, 165, 185, 196, 197
レベル順序づけ　12–15, 149
レベルII接辞　12–15
レベルI接辞　12–15
連想記憶（associative memory）　151–52, 154–55, 179, 185, 192
連濁　6, 127, 129, 140

A ～ Z
affectedness　75
anaphoric island　7
atelic　77, 86
Distributed Morphology　18, 196

Dual Mechanism（DM） 152, 159, 162–63, 180, 185, 193, 198
ECM 構文　83
-er　31–38, 48
-er 名詞（内項を指す）　34–35
for 句　26, 77
in 句　27, 77
-ing　71, 78
-ing 形　50–51
-ize　52–56

LCS　20, 24–29, 42–43, 52, 60, 84–85, 116–17, 142–44, 197
l-syntax　58–59
of 句　78–82
SLI　162, 191–92
Split Morphology Hypothesis　17
-un　59–67
UTAH　22
θ 役割　20, 32

〈著者紹介〉

原口庄輔（はらぐち　しょうすけ）　1943 年生まれ．筑波大学名誉教授．2012 年没．
中島平三（なかじま　へいぞう）　1946 年生まれ．学習院大学教授．
中村　捷（なかむら　まさる）　1945 年生まれ．東北大学名誉教授．
河上誓作（かわかみ　せいさく）　1940 年生まれ．大阪大学名誉教授．

伊藤たかね（いとう　たかね）　1955 年東京都生まれ．東京大学大学院人文科学研究科博士課程単位取得退学（1984）．現在，東京大学大学院総合文化研究科言語情報科学専攻教授．編著書:『文法理論: レキシコンと統語』（「シリーズ言語科学」1，東京大学出版会，2002）．論文: "C-Selection and S-Selection in Inheritance Phenomena," *English Linguistics* 8 (1991), "Neurolinguistic Evidence for Rule-based Nominal Suffixation,"（共著）*Language* 75 (1999) など．

杉岡洋子（すぎおか　ようこ）　1954 年兵庫県生まれ．シカゴ大学大学院博士課程修了．Ph. D.（言語学）．現在，慶應義塾大学教授．著書: *Interaction of Derivational Morphology and Syntax in Japanese and English* (Garland, 1986). 論文:「派生語における動詞素性の受け継ぎ」（『日本語学の新展開』くろしお出版，1989），"Event Structure and Adjuncts in Japanese Deverbal Compounds," *Journal of Japanese Linguistics* 17 (2001) など．

英語学モノグラフシリーズ 16
語の仕組みと語形成

2002 年 10 月 10 日　初版発行　　2016 年 2 月 19 日　2 刷発行

編　　者	原口庄輔・中島平三
	中村　捷・河上誓作
著　　者	伊藤たかね・杉岡洋子
発行者	関　戸　雅　男
印刷所	研究社印刷株式会社

KENKYUSHA
〈検印省略〉

発行所　株式会社　研究社
http://www.kenkyusha.co.jp

〒102-8152
東京都千代田区富士見 2–11–3
電話（編集）03(3288)7711（代）
　　（営業）03(3288)7777（代）
振替　00150-9-26710

ISBN 978–4–327–25716–3　C3380　　Printed in Japan